Das große Filmlexikon zu „Babylon Berlin"

Orte, Personen, Ereignisse

(zu Staffel 1 & 2)

Hrsg. von

David Avramoff   Claus D. Bernet
Alan L. Nothnagle

2. Auflage, Berlin März 2020

ISBN: 9783732296736

Cover design: Leni Waltersdorf

Layout: Jo Wittgenhausen

Manufactured and published by BoD – Books on Demand, Norderstedt, Germany

Die Deutsche Nationalbibliothek verzeichnet diese Publikation in der Deutschen Nationalbibliografie; detaillierte bibliografische Daten sind im Internet über www.dnb.de abrufbar.

Vorwort

Die TV-Serie „Babylon Berlin" hat längst Kultstatus, sie gilt als erfolgreichste deutschsprachige TV-Serie überhaupt. In zahlreichen Zeitschriften und auch im Internet wurde der Film besprochen, kritisiert und gelobt; es gibt sogar Babylon-Berlin-Fanseiten[1], eine Babylon-Berlin-Wikipedia[2] (beides englischsprachig) und in der Hauptstadt werden „Babylon-Berlin-Partys" veranstaltet.

Was bislang fehlte, ist ein Fachlexikon, in dem spezialisierte Autoren auf Handlungsorte, historische Personen und politische Zusammenhänge vertiefend eingehen. In „Babylon Berlin" wird nämlich gerade auch auf solche Orte, Personen oder historische Ereignisse angespielt, die die wenigsten Zuschauer heute noch kennen dürften. Das gilt vor allem für Zuschauer aus dem Ausland oder für Migrantengruppen aus anderen, nichteuropäischen Kulturen.

Viele Orte, Personen oder Ereignisse werden im Film selbst nicht erklärt, was auch gar nicht der Anspruch einer Unterhaltungsserie für ein breites Publikum sein kann. Dennoch hat der Zuschauer sein Recht auf verlässliche Hintergrundinformationen, um historische Faktizität von künstlerischer Fiktionalität unterscheiden zu können.

---

1   http://babylon-berlin-series.blogspot.com (abgefragt zuletzt am 6.8.2019)
2   https://babylon-berlin.fandom.com (abgefragt zuletzt am 6.8.2019)

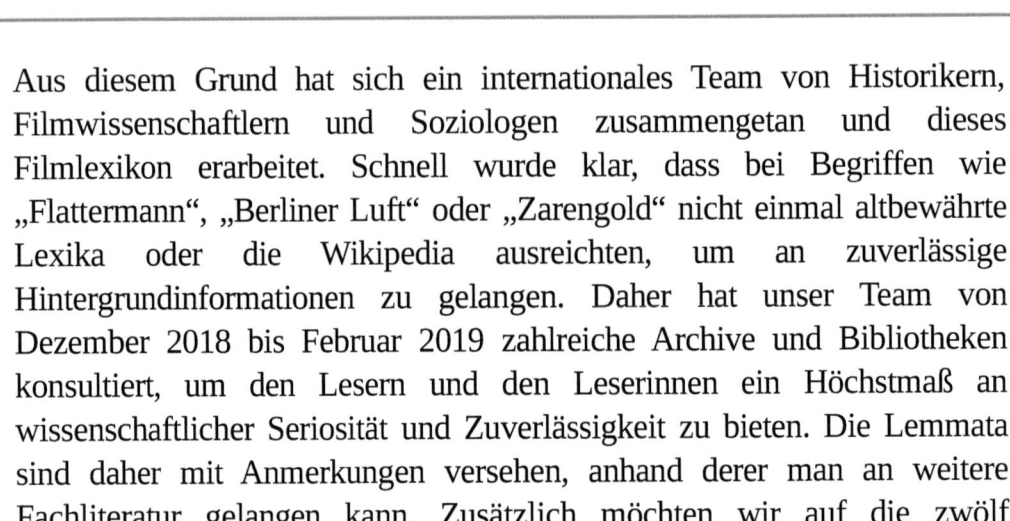

Aus diesem Grund hat sich ein internationales Team von Historikern, Filmwissenschaftlern und Soziologen zusammengetan und dieses Filmlexikon erarbeitet. Schnell wurde klar, dass bei Begriffen wie „Flattermann", „Berliner Luft" oder „Zarengold" nicht einmal altbewährte Lexika oder die Wikipedia ausreichten, um an zuverlässige Hintergrundinformationen zu gelangen. Daher hat unser Team von Dezember 2018 bis Februar 2019 zahlreiche Archive und Bibliotheken konsultiert, um den Lesern und den Leserinnen ein Höchstmaß an wissenschaftlicher Seriosität und Zuverlässigkeit zu bieten. Die Lemmata sind daher mit Anmerkungen versehen, anhand derer man an weitere Fachliteratur gelangen kann. Zusätzlich möchten wir auf die zwölf internationalen Standartwerke zur Weimarer Republik verweisen, die neben drei Berliner Tageszeitungen („Der Tag", „BZ am Mittag" und „Neue Berliner Zeitung") maßgeblich in dieses Filmlexikon mit eingeflossen sind. Sie sind am Ende des Lexikons angeführt, unmittelbar vor den Anmerkungen.

Die Herausgeber legen Wert darauf, dass wir „Babylon Berlin" schätzen und die Freude an dem Meisterwerk sicher eine zusätzliche Motivation zu dieser Publikation war. Gleichzeitig besteht aber von keinem Herausgeber und von keinem beteiligten Autor eine nähere Beziehung zu den Machern von „Babylon Berlin". Das Filmlexikon ist keine Auftragsarbeit und auch weder von ARD-Degeto, X-Filme Creative Pool, Beta Film oder Sky autorisiert, zensiert, freigegeben oder nicht freigegeben – das Filmlexikon ist eine eigenständige Leistung, unabhängig von der eingetragenen Marke Babylon Berlin, von den am Film beteiligten Regisseuren, Produzenten und Schauspielern.

Auch wenn die Lammata von spezialisierten Fachleuten abgefasst wurden, so wurde doch darauf geachtet, stets allgemeinverständlich zu

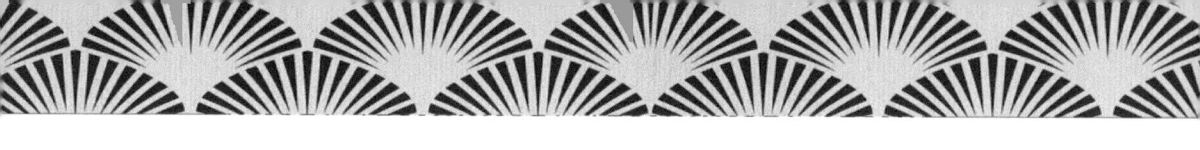

schreiben und auch Dinge zu erklären, die vielleicht als selbstverständlich gelten mögen. Es sollte kein Lexikon von Historikern für Historiker sein, sondern unser Anspruch war es, stets so zu schreiben, dass selbst dann die Begriffe verständlich werden, wenn man den Film (noch) nicht gesehen hat. Geschichtsinteressierte werden hier sicher ebenso Neues entdecken, wie Freunde der Berlingeschichte oder eingefleischte Cineasten. Vor allem bei jungen Leuten ist „Babylon Berlin" populär; sogar im Geschichtsunterricht wird es herangezogen – auch für solche Fälle ist dieses Fachlexikon bestens geeignet.

Der Regisseur Tom Tykwer formulierte den Anspruch, ein „Sittengemälde in Gewand eines Kriminalfilms zu kreieren und dieses kulturelle Panorama der Weimarer Zeit so detailliert wie möglich zu gestalten"[3] – inwieweit das gelungen ist, kann nur durch eine Überprüfung von wissenschaftlicher Seite beantwortet werden. Fiktiv sind Personen wie Gereon und Helga Rath, Bruno Wolter oder Charlotte Ritter – diese sind daher auch nicht Bestandteil eines historischen Lexikons, sehr wohl aber Persönlichkeiten wie Max Schmeling, Gustav Stresemann oder Paul von Hindenburg – diese Namen wird der ein oder andere Zuschauer schon einmal gehört haben, jedoch kann er allein aus den Informationen des Films den historischen Zusammenhang oder die Biographien nicht verstehen, sondern er benötigt weiterführende Informationen. Diese bietet das „Filmlexikon Babylon Berlin". Zutreffend wurde daher bereits festgestellt: „Ohne geschichtliche Grundkenntnisse ist für das Laienpublikum nur schwer nachvollziehbar, warum Berlin im Jahre 1929 ein Sündenpfuhl war oder die Republik von rechts- und linksextremen Kräften angegriffen wurde".[4] Wir hoffen, das solches nach der Lektüre besser verstehbar wird.

---

3 Freudenstein, Babylon Berlin, Norderstedt 2018, S. 5-6.
4 Freudenstein, Babylon Berlin, Norderstedt 2018, S. 9.

Das Lexikon umfasst zunächst Staffel I und II, also die Folgen 1 bis 16. Falls eine Fortsetzung der Serie erscheint, wird auch dieses Lexikon erweitert werden, wobei jedoch andere Fachautoren diese Arbeit fortsetzen.

Wir haben zu danken. Es ist leider nicht möglich, all die Studenten, Bibliothekare, Archivare und Fachleute namentlich zu nennen, die Schreiben beantwortet haben, ihr Spezialwissen mit uns teilten, seltene Literatur zugänglich gemacht haben. Wir möchten lediglich drei Personen hervorheben, nämlich Sebastian Ruff, der im Berliner Stadtmuseum die Sammlung „Alltagskultur" betreut, dann Carola Pohlmann von der Zeitungsabteilung der Staatsbibliothek zu Berlin – ihr verdanken wir die großzügige Ausnahme, digitalisierte Berliner Tageszeitungen des Jahrgangs 1929 im Original einsehen zu dürfen; und last but not least Thomas Jander vom Deutschen Historischen Museum (Berlin), wo eine exzellente Postkartensammlung der Forschung zur Verfügung steht.

Alan L. Nothnagle *David Avramoff* *Claus D. Bernet*

Absinth

*H*istorisches Absinth-Glas (Reservoirglas), dazu ein geschlitzter Löffel, auf welchem der Zucker zum Zerlaufen gebracht wird; rechts eine Fontäne aus Silber mit Kristallglasaufsatz.

In den Katakomben des →Moka Efti nehmen Polizist Bruno Wolter und die Edelprostituierte Charlotte Ritter ein heute kaum mehr bekanntes Getränk zu sich: Absinth.

Absinth war das alkoholische Modegetränk der Zwanziger Jahre. Preisgünstiger als Wein war es vor allem während der Weltwirtschaftskrise populär. Es besteht aus Wermut, Anis und Fenchel, hochprozentigem Schnaps und schmeckt extrem bitter, eigentlich nach Medizin. Im 18. Jahrhundert war diese Mischung in der Schweiz entstanden, zunächst als Heilmittel verwendet.[1] Wegen seines Thujone-Gehalts[2] geriet das Getränk in den Ruf, süchtig zu machen, Schwindel, Halluzinationen, Depressionen, Krämpfe, Blindheit sowie geistiger und körperlicher Verfall wurden ihm nachgesagt, was seine Beliebtheit jedoch noch beförderte: In Frankreich wurde der Absinth extrem populär, vor allem in Paris um 1900 war er *das* Modegetränk. In Deutschland wurde er nach 1918, vor allem durch französische Soldaten, bekannter. Hier war, bis zum Absinth-Verbot 1923, Berlin das Zentrum der Absinthproduktion und Absinthkonsumption. Nach dem Verbot 1923 wurde selbstverständlich im Verborgenen weiter konsumiert. Absinth war ein Kultgetränk, das man nicht einfach so zu sich nahm, sondern das gekonnt zelebriert werden musste: Man benötigt einen hohen Wasserbehälter mit meist mehreren Hähnen. Auf einen geschlitzten Löffel wird ein Stück Würfelzucker gelegt. Dieser wird unter einen Hahn gehalten, so dass

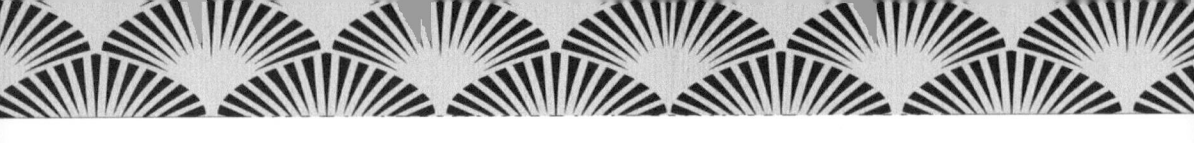

Tropfen für Tropfen Wasser über den Zucker in ein Glas laufen, in das man zuvor den grünen Absinth gegeben hat, der sich nun durch das Wasser milchig verfärbt. Wie in „Babylon Berlin" waren es auch Frauen, die das Getränk konsumierten, vorzugsweise am späten Nachmittag, was umgangssprachlich als „Grüne Stunde" bezeichnet wurde.

KP

Alexanderplatz

Immer wieder erscheint in „Babylon Berlin" der Berliner Alexanderplatz, schon damals kurz „Alex" genannt: Autos fahren über den Platz, Gereon Rath schlendert im Regen über den Platz, man trifft sich am Zeitungskiosk, Wolter fährt mit dem PkW über den Platz, Charlotte Ritter eilt frühmorgens zur Arbeit, sie trifft hier zufällig Greta Overbeck, kurz darauf liest Gereon Rath in der Tram am Alex einen Text aus der → Weltbühne, usw.

Der Platz ist seit 1805 nach dem russischen Zaren Alexander I. benannt. Er war hundert Jahre später das Herz Berlins: hier kamen zahlreiche Straßen, U- und S-Bahnlinien zusammen, zusätzlich Straßenbahnen und Busse. Der Alex war sogar einer der belebtesten Plätze der Welt, der durch schöne Bauten, durch Brunnen- und Grünanlagen ein unverkennbares Gesicht hatte. Im Zentrum befand sich die fast acht Meter hohe Berolina-Statue[3] mit einer kleinen Grünanlage – sie ist, historisch korrekt, im Film nicht zu sehen, da sie 1929 gerade restauriert und nach Treptow umgesetzt wurde. Sie fand 1933 eine neue Heimat vor dem Alexanderhaus, bis sie 1942 zu Rüstungszwecken eingeschmolzen wurde.

1929 stand am Alexanderplatz das luxuriöse Grand Hotel im Stil der Neorenaissance, das → Polizeipräsidium, die neogotische Georgenkirche, das Lehrervereinshaus, das Minolhaus im Stil der neuen Sachlichkeit, dann gleich zwei große Warenhäuser, nämlich Kaufhaus Wertheim und Kaufhaus Tietz mit der damals längsten Kaufhausfassade der Welt, die Dank einer riesigen Weltkugel auf dem Dach leicht zu erkennen war.[4] 1929/30 wurde der Platz gerade (wieder einmal) umgebaut: Parallel zur Stadtbahn wurden durch den AEG-Architekten Peter Behrens das Berolinahaus (Textilgeschäft C&A) und das Alexanderhaus (Kaufhaus Jonaß) errichtet.[5] Diese beiden Bauten waren im Stil der Sachlichkeit und Funktionalität gehalten, an ihrer Rasterfassade in

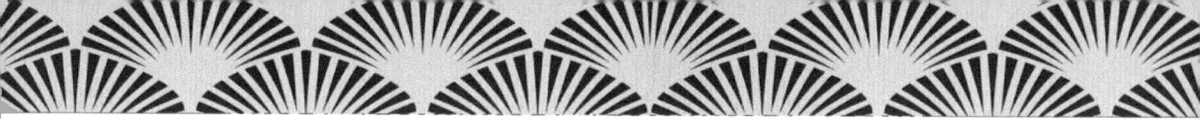

Stahlbeton-Skelettbauweise kann man sie leicht ausmachen. Die Gebäude, die eigentlich die ersten billigen und schmucklosen Rasterfassaden waren, die man heute in ganz Berlin finden kann, galten damals als besonders modern, fortschrittlich, progressiv. 1929 stand bereits der Rohbau, der Innenausbau dauerte an bis 1932.[6]

Was ist heute davon übrig? Leider hat der Alexanderplatz fast alles von seiner Schönheit eingebüßt; erst im Krieg, dann durch eine sozialistische Fehlplanung. So gilt der Alexanderplatz heute als einer der hässlichsten und gefährlichsten Plätze ohne Aufenthaltsqualität, ohne Grüngestaltung, ohne attraktive Geschäfte, sondern ist geprägt durch billige Massenware und erscheint mit einer acht Hektar großen Fußgängerzone völlig überdimensioniert.

CB

Der Alexanderplatz während des Umbaus 1929.

Amtsgericht Charlottenburg

Im Amtsgericht Charlottenburg findet der Prozess gegen diejenigen Mitglieder der →Schwarzen Reichswehr statt, denen nachgewiesen werden sollte, dass sie seit Jahren die illegale Wiederbewaffnung des Deutschen Reichs vorantreiben.[7] Die Hauptangeklagten: Generalmajor Wilhelm Seegers und Major Anton von Beck. In Charlottenburg fand der Prozess statt (Folge 13), weil einige der Angeklagten vermutlich im Berliner Westen (Charlottenburg, Neu-Westend, Grunewald etc.) wohnten, für das das

Gericht damals zuständig war. Auch der Prozess um den →Blutmai fand hier statt (Folge 16).

Das Amtsgericht war 1888 eingerichtet worden, als eines der größten Amtsgerichte im Deutschen Reich.[8] Die Zuständigkeit griff weit über die damalige Stadtgrenze von Charlottenburg hinaus. Der klassizistische Bau am heutigen Amtsgerichtsplatz nimmt einen gesamten Block ein. Er wurde 1895 bis 1897 im märkischen Barockstil errichtet und bereits 1915 bis 1921 erweitert. Da nun das Gericht bis heute in Betrieb ist und aus Datenschutzgründen als sensibler Ort gilt, wurde für die Innenaufnahmen schließlich das Rathaus Charlottenburg gewählt. Dieser Bau stammt ebenfalls aus der Kaiserzeit und ist als Behördenbau einem Gericht nicht unähnlich. So beeindruckt die Haupt- und Treppenhalle, die in vielen Berliner Bauten jener Jahre schmuckreich ausgestaltet waren: in Charlottenburg nach Entwürfen der Bildhauer H. Giesecke und G. Riegelmann. Gezeigt werden in „Babylon Berlin" auch die aufwändigen Holzvertäfelungen, mit denen einst viele Berliner Behörden und auch Villen ausgestattet waren.   CB

Hier wurde gedreht: erster Stock des Rathauses Charlottenburg, in „Babylon Berlin" das Amtsgericht. Die geschwungene Treppe, die steinerne Balustrade mit Schmuckdekor, die Treppenteilung vor Fensterbändern sind Details, die man auch im Amtsgericht findet. Die Anklänge an den Jugendstil sind zurückhaltend, so dass die Annahme des Amtsgerichts für die Zuschauer durchaus überzeugt.

Anhalter Güterbahnhof

Weniger bekannt als der Anhalter Fernbahnhof ist der Anhalter Güterbahnhof, der aber für die Versorgung und Entsorgung der Millionenstadt Berlin ebenso wichtig gewesen war.[9] Vor allem Kohle, Baumaterialien und Nahrungsmittel wurden hier umgeschlagen. „Anhalter" Bahnhof heißt er nicht, weil an dem Kopfbahnhof die Züge etwa anhalten mussten, sondern weil von hier aus die Gleise nach Sachsen-Anhalt führten, in Industriestädte wie Halle oder Bitterfeld. Der Güterbahnhof befand sich einst dort, wo heute das Technikmuseum steht, das Teile des Bahnhofs in seine Räume integriert hat. Von 1871 bis 1874 wurde der Güterbahnhof durch Franz Schwechten errichtet, der auch den Fernbahnhof entworfen hatte, samt Speicher, Lokschuppen und Lager- sowie Reparaturhallen.[10] In einer dieser Hallen wird in „Babylon Berlin" der mysteriöse Goldzug geparkt und untersucht – gedreht aber nicht auf dem Anhalter Güterbahnhof, sondern an einem Ort außerhalb Berlins, dem rheinländischen Industriebahnmuseum in Köln-Longerich.

Der Anhalter Güterbahnhof wurde bis 1980 Stück für Stück abgebaut, das Areal verwilderte – seltene Pflanzen und wilde Tiere machten sich heimisch, heute stehen Teile unter Naturschutz.

KP

Auf dem rückwärtigen Teil des Anhalter Güterbahnhofs befinden sich diese Lokschuppen, die denen in „Babylon Berlin" ähneln. Der Schuppen links wurde 1939 bis 1941 für die Schnelltriebwagen der Deutschen Reichsbahn erbaut, der Schuppen rechts ebenfalls, ist heute etwa acht Meter kürzer als zur Bauzeit. Um 2010 wurden die Fassaden beider Gebäude in der alten Form erneuert, das Holz-Ständerwek im Inneren ist weitgehend original.

Aschinger

Aschinger war in etwa das McDonald's der Zwanziger Jahre. Der Gastronomiebetrieb war 1892 von zwei verarmten Schwabenbrüdern in Berlin gegründet worden, wuchs zur Aktiengesellschaft, hatte bald viele Filialen und war im ganzen Deutschen Reich bekannt. Aschinger betrieb Stehbierhallen („Bierquellen" genannt)[11], Restaurants und Konditoreien, später sogar Hotels, in denen weitere Aschinger-Filialen eröffneten.[12] An allen großen Plätzen Berlins war Aschinger präsent, so selbstverständlich, wie erstmals in Folge 4 gezeigt, am → Alexanderplatz (gedreht im Braukeller des Rathauses Schöneberg). Vor allem in Zeiten der Wirtschaftskrisen war Aschinger bei Angestellten beliebt. Hier konnte man sich für wenig Geld einen gutbürgerlichen Restaurantbesuch leisten, und das an den besten Plätzen der Hauptstadt des Deutschen Reichs! „Beste Qualität bei billigstem Preis"[13] war das Firmenmotto, und bekannt war, dass man bei Aschinger zu jeder Bestellung Schrippen umsonst dazu bekam. KP

Das *Aschinger-Logo zeigt einen von einem Kreis umschlossenen Buchstaben A, darunter ein weiterer Slogan der findigen Restaurantkette: „Das Restaurant aller Berliner".*

Berliner Luft

Dieses Dessert aus Folge 14 hat es tatsächlich geben. Es handelt sich um eine weißgelbliche schaumige (also luftige, daher der Name) Creme aus Eigelb, Zitronensaft, Eischnee, Zucker und Gelatine, wahlweise auch Weißwein oder Rum. Darüber wird roter Himbeersirup gegeben.

Das Dessert „Berliner Luft" ist alt, es steht bereits in einem Kochbuch aus dem Jahr 1897.[14] Zu einer Mode wurde es allerdings erst in den 1920er Jahren, man findet es nun auf den Menükarten des Hotels Kempinski, des Esplanade-Hotels und des Hotels Kaiserhof. Nachweislich wurde die alkoholfreie Variante von Adolf Hitler gerne gegessen[15], der diese Speise in Berlin kennen lernte.   KP

„*B*erliner Luft" mit Teller, Glas und Bakelitbesteck original aus den 1920er Jahren, auf einer Tischdecke des alten Hotel Adlon.

Blutmai/1. Mai 1929

Der sog. „Blutmai" war ein historisches Ereignis, welches in den frühen Sommerwochen des Jahres 1929 zu großen Unruhen und Diskussionen führte. In der vierten Folge von „Babylon Berlin" werden die Ereignisse detailliert geschildert. Um was ging es? Seit Jahren demonstrierten am ersten Mai verschiedene linke Arbeiterparteien für Sozialismus und Weltrevolution. So sollte es auch am 1. Mai 1929 der Fall sein, doch die Demonstration wurde verboten, da die politische Lage instabil war und man Gewalttätigkeiten befürchtete.[16] Der Polizeipräsident →Zörgiebel (SPD) verbot nach Ausschreitungen von Nationalsozialisten im Dezember 1928 politische Versammlungen unter freiem Himmel, aber nicht allein solche von Nationalsozialisten, sondern von allen Parteien, Gewerkschaften, Verbänden etc. Daran wollte sich die KPD nicht halten und rief zu illegalen Demonstrationen auf. Tausende Arbeiter marschierten auf, vor allem im Wedding, Neukölln, Friedrichshain und Kreuzberg. „Babylon Berlin" zeigt eine solche Demonstration am →Hermannplatz, wo einfache Arbeiter vor dem gerade im Bau befindlichen Luxuswarenhaus →Karstadt demonstrieren. Die Berliner Polizei ging mit äußerster Härte gegen die Demonstranten vor: Schlagstöcke und Wasserspritzen kamen zum Einsatz, dann Warnschüsse, schließlich echte Schüsse. →Polizeipanzer rollten durch Berlin, Wohnungen wurden gestürmt, Massenverhaftungen vorgenommen. Das kurzfristige Ergebnis: Hunderte Verletzte, 33 Ermordete.[17] Entgegen der Behauptung der Polizei, dass auch die Demonstranten sich mit Schusswaffen verteidigt hätten, konnte nachgewiesen werden, dass der einzige Polizist mit einer Schussverletzung sich diese durch einen Unfall wenige Tage zuvor zugezogen hatte – auch dieses Detail ist in „Babylon Berlin" in Folge 5 aufgenommen worden. Das langfristige Ergebnis des Blutmai: das Vertrauen der Arbeiter in die Polizei war gebrochen, der Staat zeigte, wie brutal er gegen linke Demonstrationen vorgehen würde, während Umtriebe und Gewalt von Nationalsozialisten nicht mit gleicher Härte entgegengetreten wurde. AS

Links: Schon wenige Tage nach dem 1. Mai erschien von Seiten der KPD eine erste Kampfschrift. *Rechts:* Eine der wenigen Originalaufnahmen des Blutmai: Polizisten springen aus einem Auto und starten eine Razzia, Menschen flüchten (Kreuzberg).

Böß, Gustav

Gustav Böß (1873-1946), souverän und gelassen, Blick direkt in die Kamera: so präsentierte sich der Berliner Oberbürgermeister auf einer Aufnahme aus den 1920er Jahren.

Gustav Böß (1873-1946) war in den Babylon-Berlin-Jahren Oberbürgermeister in Berlin. Der Politiker der Deutschen Demokratischen Partei[18] war, wie viele Verwaltungsbeamte der 1920er Jahre, Jurist. 1910 wurde er Verkehrsstadtrat in Schöneberg, und ab 1921 Oberbürgermeister. Er war damit in den Krisen der Weimarer Republik für viele Jahre ein Garant für das Funktionieren der Demokratie, bis er wegen des →Sklarek-Skandals 1929/30 zurücktreten musste[19] – die Polizei ermittelt diesbezüglich in Folge 11. Dieser Skandal, bei dem es letztlich nur um einen nicht vollständig gezahlten Mantel ging, der noch nicht einmal Böß selbst gehörte, ähnelt in seiner damaligen Instrumentalisierung überraschend an die späteren Affären und den Rücktritt des Bundespräsidenten Christian Wulff. Gustav Böß war als hessischer Verwaltungsbeamter in Berlin nie beliebt; sein Name wurde oft verulkt, es gab Spottlieder über ihn, die Presse stand gegen ihn, es gab immer wieder Demonstrationen gegen ihn (Folge 15). Bald nach seiner Entlassung zog er sich nach Bayern zurück.

Dennoch war Böß ein echter Macher, der Berlin veränderte: Fast alle Baumaßnahmen Berlins in den Goldenen Zwanzigern wurden von Böß angeregt oder umgesetzt; er ließ Sportstätten und neue Parks bauen, der bekannteste ist der Volkspark Jungfernheide in Charlottenburg.[20] Große Projekte, wie die Messe Berlin und der Flughafen Tempelhof, sollten die Wirtschaft ankurbeln und die Massenarbeitslosigkeit bekämpfen. 1926 eröffnete er die erste „Grüne Woche".

In der fünften Folge ist Böß involviert, als es darum geht, den brutalen Polizeieinsatz beim → Blutmai durch einen angeblich angeschossenen Polizisten zu rechtfertigen. AN

Briand, Aristide

Aristide Briand (1862-1932) war in Frankreich eine Institution, der zu seiner Zeit bekannteste und einflussreichste Politiker. Er war 11mal Regierungschef und 23mal Minister, mehrfach Unterrichtsminister, Justizminister und Außenminister. 1926 erhielt er den Friedensnobelpreis. Briand stammte aus einfachen Verhältnissen, kämpfte frühzeitig gegen soziale Ungleichheit und fand bei den Sozialisten eine politische Heimat. Von daher war er eher international ausgerichtet und konnte dem Nationalismus nicht viel abgewinnen; bezeugt sind seine Worte: „Behalten Sie Ihr Vaterland für sich, Herr Staatsanwalt! Eben dieses Vaterland hat uns nach Sedan geführt, so wie das Vaterland Napoleons nach Waterloo" (1901). Sein erstes Ministeramt bekleidete er 1906, für Religion und Unterricht. Bereits 1909 war er zum erstenmal Premierminister. Seine strategischen Überlegungen während des Ersten Weltkriegs trugen zum Erfolg der Franzosen bei. Nach dem Krieg wollte er einen langfristigen Frieden, wobei dem Völkerbund eine maßgebliche Rolle beikommen sollte. Er erhielt 1926, zusammen mit → Stresemann, den Friedensnobelpreis. Mit Stresemann war er eng befreundet, es kam über Jahre zu zahlreichen Staatsbesuchen und informellen Treffen.[21] Der an beide verliehene Preis wurde, ähnlich wie heute, weniger für pazifistisches Engagement in der Vergangenheit verliehen, sondern in der

Hoffnung, damit zukünftige politische Entwicklungen im Sinne einer friedlichen und gerechten Ordnung zu befördern. Das bewahrheitete sich auch: 1928 schloss er den Briand-Kellogg-Pakt, der zukünftige Angriffskriege zwischen den Staaten verhindern sollte. Briand ist auch einer der (vielen) Vordenker einer europäischen Einigung, dazu erarbeitete er 1928/29 die Denkschrift „Über die Errichtung einer Europäischen Union" (veröffentlicht 1930).[22] Darüber verhandelte er weiterhin mit Stresemann, was zu dem Berlin-Besuch im Mai 1929 führte. In Folge 14 sieht man ihn kurz, wie er zusammen mit Stresemann die → Dreigroschenoper ansieht – und sich schrecklich langweilt. CB

Briand, ein Franzose wie aus dem Bilderbuch: ein Literat, Charmeur und Gourmet – zudem ein brillanter Denker und Intellektueller, ein Freund deutscher Kultur.

Cafe Josty

Das Cafe Josty ist in „Babylon Berlin" der angemessene Treffpunkt der rechten Verschwörer: Generalmajor Seegers, Oberkommissar Wolter, der Industrielle → Nyssen, die vermeintliche Gräfin Swetlana Sorokina und Oberst Wendt (der Referent des Reichspräsidenten → Paul von Hindenburg) verkehren hier. Es ist, wie im Film, ein Eckcafe am Potsdamer Platz. Es war eigentlich kein Treffpunkt Krimineller, sondern eine beliebte Konditorei, die von linksliberalen Malern, Musikern und vor allem Schriftstellern gerne aufgesucht wurde. Im Laufe der Jahre verkehrten dort auch Heinrich Heine, Joseph von Eichendorff, die Märchenbrüder Grimm, Theodor Fontane, Adolph Menzel – selbst der Kaiser besuchte 1898 einmal das Cafe Josty.

Unter den Kaffeehäusern war Cafe Josty die erste Adresse, die in der Qualität mit den berühmten Cafes von Wien konkurrieren konnte. Gegründet wurde die Zuckerbäckerei Josty 1796 von Schweizer Einwanderern. Die Stadt wuchs, Kaffeehäuser wurden gerne aufgesucht, das Geschäft florierte: 1880 konnte man eine Filiale im Erdgeschoss am Potsdamer Platz eröffnen, die den eigentlichen Ruhm des Cafe Josty begründete. Das Kaffeehaus wurde am Platz bis 1930 betrieben, im Krieg wurde das Gebäude ausgebombt, die Ruinen 1947 planiert. CB

Das Cafe nach Renovierung 1928.

Cahier, Charles

In der dritten Folge der ersten Staffel spielt eine Szene bei der Familie von Stephan Jänicke, dessen Eltern gehörlos sind. Da in dieser Szene nicht gesprochen wird, wurde sie mit dem Lied „Ich bin der Welt abhanden gekommen" unterlegt. Es sind traurige Zeilen zu noch traurigerer Musik:

„Ich bin der Welt abhanden gekommen,
Mit der ich sonst viele Zeit verdorben,
Sie hat so lange von mir nichts vernommen,
Sie mag wohl glauben, ich sei gestorben".

Die Zeilen nehmen bereits den Tod von Jänicke vorweg, der in einer späteren Folge erschossen wird. Das Lied wird in einer Fassung von Charles Cahier eingespielt, die stets als „Madame Charles Cahier" auftrat.[23] Es handelt sich um Sara Jane Layton

Walker, die 1870 in Nashville Tennessee geboren war und die eine talentierte Opern- und Liedsängerin wurde. Der Komponist Gustav Mahler (1860-1911) verpflichtete sie an das Hof-Operntheater in Wien und arbeitete bis 1907 mit ihr zusammen. In Berlin gastierte sie erstmals um 1905 an der Königlichen Hofoper von Berlin, und in den folgenden Jahren trat sie regelmäßig mit Werken Mahlers auf Bühnen der Reichshauptstadt auf. 1931 gab sie in Berlin ein letztes Konzert, die folgenden Jahre arbeitete sie als Gesangslehrerin.

Cahiers schlichte und klare Stimmführung war sowohl für traurige als auch gefühlvolle Lieder prädestiniert. Die verinnerlichte Darstellung von Gefühlsleben und Abschiedsgedanken, wie in den Rückert-Liedern oder den Kindertotenliedern, fand in ihr eine kongeniale Interpretin. Die Rückert-Lieder aus dem 18. Jahrhundert wurden von dem erwähnten G. Mahler komponiert; Das dritte Lied ist „Ich bin der Welt abhanden gekommen" und entstand am 16. August 1901. Das Lied ist also alt, es wurde aber durch Madame Charles Cahier um 1929 populär und war eines der wenigen Kunstlieder, das auch in Arbeiterkreisen bekannt war.

In „Babylon Berlin" hören wird eine Aufnahme dieses Lieds von Madame Charles Cahier in einem Konzert an der Berliner Staatsoper am 1. Oktober 1930. Anschließend wurde die Aufnahme von der Deutschen Ultraphon Aktiengesellschaft als Schellackplatte veröffentlicht.

CB

Madame Charles Cahier in den 1920er Jahren bei einem Gastauftritt in Berlin, hier in der Rolle der „Carmen".

Dreigroschenoper

Nach der militärischen Niederlage im Zweiten Weltkrieg gab es die Vorstellung, nun während des Friedens zumindest auf kulturellem Gebiet den Selbstwert zu heben und der Welt zu beweisen, dass die Deutschen doch zu den großen Nationen gehören. Das gelang zumindest auf kulturellem Gebiet, ausgerechnet mit einem

gesellschaftskritischen Stück, in dem es um Kriminalität, Prostitution und Bettelei ging: der Dreigroschenoper. Es handelt sich um eine Art Musical, die Musik ist von Kurt Weill, der Elemente des Jazz, Tango, Blues und vor allem des Moritatengesangs geschickt verknüpfte, bewusst falsche Klänge und harte Rhythmen einbaute.[24] Der Text ist von Bertolt Brecht und von anderen Autoren, bei denen sich Brecht bediente, so bei John Gay, François Villon, Rudyard Kipling, Karl Kraus und seiner engen Mitarbeiterin Elisabeth Flora Charlotte Hauptmann (1897-1973). Nicht einmal der Titel „Dreigroschenoper" ist von Brecht, sondern von Lion Feuchtwanger.

Das Stück ist eine Verbrecherkomödie; es geht um die Konkurrenzsituation, Lebenseinstellung und Moral zweier Londoner Verbrecher, die ihre Beziehungen zur Geschäftswelt und zur Polizei geschickt für sich zu nutzen wissen. Die Idee zur Dreigroschenoper entstand im Frühjahr und Sommer 1928. Der Theaterdirektor Ernst Josef Aufricht (1898-1971) suchte händeringend nach einem Publikumsmagneten für das gerade wiedereröffnete Haus und gab Brecht den Auftrag dazu. So kam es am 31. August 1928 zur Welturaufführung der Dreigroschenoper im Berliner Theater am Schiffbauer Damm. Die mitwirkenden Schauspieler und Schauspielerinnen waren die besten Mimen der Zwanziger Jahre: Harald Paulsen, Erich Ponto, Rosa Valetti, Roma Bahn, Kurt Gerron und Kate Kühl.[25]

Die Presse war mehr als begeistert, der „Zuschauerraum ... geriet in Siedehitze. Klatschend, rufend, trampelnd verlangte man eine Wiederholung".[26] Das Stück habe „dem deutschen Theater seinen Weltruhm beinahe im Alleingang zurückgegeben". In

„Babylon Berlin" ist das Stück in Folge 14 bereits so erfolgreich, dass es von Reichsaußenminister →Stresemann und dem französischen Außenminister →Briand gemeinsam besucht wird. Auch die Musik kam an, viele Lieder wurden schnell bekannt, und sogar noch heute kennt man mitunter das Lied von der Seeräuber-Jenny, die Ballade vom angenehmen Leben und die Moritat von Mackie Messer mit der berühmten Strophe: „Und der Haifisch, der hat Zähne, und die trägt er im Gesicht, und Macheath, der hat ein Messer, doch das Messer sieht man nicht" (die Melodie ist in Folge 9 kurz als Hintergrundmusik zu hören, in Folge 14 pfeift Bruno Wolter die Melodie, ebenso Moritz Rath mit der Bemerkung: „Kennt doch jeder"). KP

Flattermann

Zahlreiche Soldaten wurden durch den andauernden Granatenbeschuss in den Schlachten des Ersten Weltkriegs traumatisiert. Man glaubte damals, dass die Druckwellen der Granaten das Gehirn irreparabel verletzten. Viele Betroffene zitterten unkontrolliert am ganzen Körper, waren nicht mehr in der Lage zu essen, hatten panische Angst vor Gegenständen, die mit dem Militär zu tun hatten und manche waren unfähig, sich ohne fremde Hilfe alleine auf den Beinen zu halten.[27]

Es ist klar, dass bei diesen Symptomen Kampfeinsätze unmöglich waren: Die Soldaten wurden entlassen, meist unehrenhaft, da die Betroffenen kaum von Simulanten unterschieden werden konnten.[28] Die Erkrankung hatte zunächst nicht einmal einen Namen, umgangssprachlich nannte man die Betroffenen in Berlin Flattermänner oder Schüttelbrüder, heute ist der Fachbegriff für die Erkrankung: posttraumatische Belastungsstörung bzw. Kriegstrauma. Es ist klar, dass es bei den geschilderten Symptomen auch nach der Militärzeit in Familie und Beruf zu Problemen kam. Meist verließen die „Flattermänner" ihre Familien, gerieten in die Arbeitslosigkeit und zogen in zerschlissenen Uniformen durch die deutschen Großstädte.

In „Babylon Berlin ist der ehemalige Gefreite Franz Krajewski ein solcher Flattermann. Sein Schicksal ist traurig: 1917 wurde er durch Granatenhagel verschüttet, seitdem leidet er an Zitteranfällen und ist drogenabhängig. Dennoch gelang es ihm, nach dem Krieg bei der Polizei zu arbeiten, als Kollege von Wolter. Seine Zitteranfälle bei einem Einsatz führten zu unehrenhafter Entlassung, seitdem arbeitet er im pornographischen Halbmilieu und wird von seinen ehemaligen Polizeikollegen als Informant erpresst. Später (Staffel I, Folge 7) landet er im (fiktiven) Institut für Suggestive Therapie in Berlin-Adlershof, wo man an ihm zweifelhafte Versuche durchführt. CB

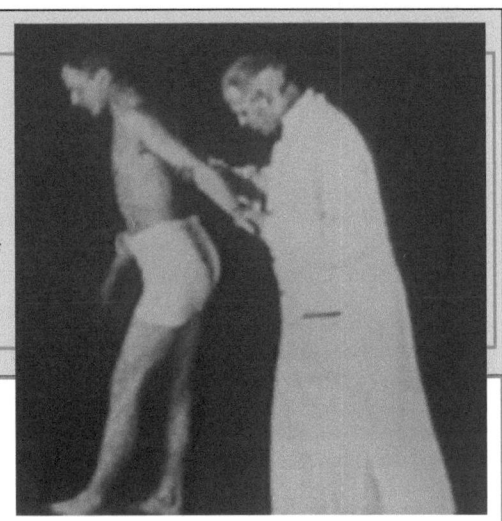

*E*in „Kriegshysteriker" und der Mediziner Max Nonne, um 1916. Das Bild stammt aus einem Lehrfilm des Königlichen Bild- und Filmamts, der auch kurz in „Babylon Berlin" zu sehen ist.

Funkturm

Kein Berlin-Film ohne Funkturm. Der Sendeturm war und ist eines der wichtigsten und bekanntesten Bauwerke Berlins, er ist in Folge 11 kurz zu sehen. Seit seiner Erbauung durch den Architekten Heinrich Straumer 1926 ist er ein Wahrzeichen der Stadt.[29] Bis 1929 hatten schon 700.000 Menschen den Turm besucht, was vor allem auch an dem Turmrestaurant lag, welches auf 50 Meter Höhe eine einmalige Sicht über die Stadt ermöglichte.

Der fast 150 Meter hohe Stahlturm liegt unmittelbar auf dem Messegelände in Charlottenburg. Seit seiner Eröffnung durch den damaligen Oberbürgermeister → Gustav Böß wurde von hier im Hörfunk ausgestrahlt,[30] und 1932 die weltweit erste Fernsehsendung. AN

Der Funkturm mit Funkhalle auf einer Postkarte aus dem Jahr 1929.

Gennat, Ernst

In den 1920er Jahren war die Kriminalpolizei von Chicago und von Berlin weltführend in der modernen Verbrechensbekämpfung. In Berlin war damals Kommissar Ernst Gennat unbestritten die Nummer eins der Verbrechensjäger.

Kriminalkommissar Ernst Gennat, 1930.

Gennat wurde 1880 im Gutsbezirk Plötzensee geboren, was später zu Charlottenburg, noch später zu Berlin einge-

meindet wurde.³¹ Die Ver-brechensbekämpfung wurde Gennat in die Wiege gelegt; schon sein Vater war Oberinspektor des Strafgefängnisses Plötzensee, und mit seinen Eltern wuchs er in einer Dienstwohnung im Gefängnis auf. Nach ein paar Semestern Jura trat Gennat, ein Mann der Praxis, in den Polizeidienst ein. Das war 1904. Seine Karriere verlief sensationell: wenige Monate Kriminalanwärter, weitere Monate Hilfskriminalkommissar und schon am 1. August 1905 Kriminalkommissar. Gennat war in seinem Element: mit Beharrlichkeit baute er im →Berliner Polizeipräsidium eine Mordkommission (Inspektion A) auf, die seiner Leitung unterstand und in der bald die fähigsten Kriminalisten des Deutschen Reichs zusammenarbeiteten. In seiner Truppe steigerte er die Aufklärungsquote auf sagenhafte 95%, Gennat selbst löste persönlich 298 Morde. Dabei zog er geschickt die Presse in die Ermittlungen mit ein, betrieb „Profiling" fast ein halbes Jahrhundert vor seiner eigentlichen Erfindung und führte die Spurensicherung ein. Einzelheiten zeigt die neunte Folge (Staffel II), wo Gennat, gespielt von Udo Samel, einige ermordete →Trotzkisten exhumiert, die in einer Druckerei erschossen worden waren – Dank seiner Schlüsse führt die Spur in die →Sowjetische Botschaft. Dies war übrigens nicht der erste Filmauftritt Gennats: schon in den Fritz-Lang-Filmen „M" (1931) und „Das Testament des Dr. Mabuse" (1933) konnte man eine ihm nachempfundene Figur bewundern. Gennats bekannteste Fälle erregten deutschlandweit Aufmerksamkeit: 1931 gelang ihm die Festnahme des Sadisten-Mörders Peter Kürten, 1931 die Überführung von Erich Mielke bei den Morden auf dem Bülowplatz.³² Diese und andere Aufklärungen gelangen ihm durch eine systematische Schlagwortkartei – an dieser arbeitet Charlotte Ritter in der gesamten ersten Staffel mit.

Trotz seiner Erfolge war Gennat in der konservativen preußischen Behörde keineswegs beliebt, denn wer erfolgreich ist, dem mangelt es nie an Neidern. Gennat war einer der ganz wenigen höheren demokratischen Polizisten und geriet immer wieder mit seinem Chef, dem autoritären →Karl Zörgiebel aneinander, der Gennats Methoden zum Teil als „amerikanischen Unsinn" abtat, und Dr. Schwarz bezeichnet Gennats neue Methoden einmal als „absurd" (Folge 9). Auch Kollegen und die Bevölkerung verspotteten Gennat: Wegen seiner Gelassenheit wurde er „Buddha der Kriminalisten", wegen seiner Leidenschaft für Stachelbeer-Kuchen und Torten „Der volle Ernst" genannt. Trotz seines ungesunden Lebensstils – er rauchte Zigarren und trank Schnäpse – wurde Gennat alt. Am 20. August 1939 heiratete er die Kriminalkommissarin Elfriede Dinger. Einen Tag später verstarb er. CB

Geyer-Werke

In der neunten Folge geht es erneut um den (fiktiven) Erotikfilm-Produzenten König, von dem aus eine Spur in die Geyer-Werke führt. Die Aktiengesellschaft Geyer wird umgangssprachlich als „älteste Filmfabrik" bezeichnet. Tatsächlich war sie ein filmtechnischer Dienstleister, der älteste in Deutschland und der größte in Europa. Hauptaufgabe der Werke war es, die zahlreichen Filme zu kopieren und den Vertrieb an die Kinos zu organisieren. Gegründet wurde die Firma 1911 von dem Ingenieur Karl August Geyer, zunächst als kleines Start-up in Berlin-Rixdorf.[33] Bald wurden auch Filmkameras, Perforiermaschinen und Filmschnittapparate gebaut, die Firma expandierte und zog nach Neukölln. Dort enstand 1927/28 der Werksbau, der auch in „Babylon Berlin" zu sehen ist. Der Backstein-Klinkerbau des Schweizer Architekten Otto Rudolf Salvisberg im Stil der Neuen Sachlichkeit war damals einer der modernsten Werksbauten Deutschlands.[34] C.B.

*V*on dem einstigen Bau ist eigentlich nur dieser Seiteneingang mit der Originalinschrift „GEYER-WERKE A.G." erhalten, der auch in „Babylon Berlin" zu sehen ist.

Heilandskirche am Sacrower See

Die evangelische Heilandskirche inmitten des Königswaldes war schon immer ein Rückzugsort für Liebespaare, Romantiker und Ruhesuchende. Noch heute wird in der Kirche gerne geheiratet. Von Berlin aus ist der freistehende Bau am besten mit einem Boot über die Havel zu erreichen. In „Babylon Berlin" ziehen sich Greta Overbeck und ihr (falscher) Freund Fritz Höckert in der achten Folge zu einem sonntäglichen Picknick hierher zurück. Die Kirche wurde 1844 direkt am Wasser gebaut, nach ursprünglichen Vorstellungen sollte sie sogar den Namen „Das Schiff" bekommen.

Sie war ein Wunsch des preußischen Königs Friedrich Wilhelm IV., den man auch den „Romantiker auf dem Thron" nannte. Für den Bau entwarf er eigene Skizzen, die dann der Hofarchitekt Ludwig Persius umsetzte, während der Gartenkünstler Peter Joseph Lenné die Umgebung gestaltete: Alles sollte romantisch sein, die Stimmung heben, durch Sichtachsen und Sichtbezüge den Wanderer überraschen.[35]

Beinahe wäre das Drehen an diesem Ort unmöglich geworden, da die DDR die Kirche, die unmittelbar an der Grenze zu Westberlin lag, absperrte und langsam verfallen ließ. Nach der friedlichen Revolution kam die Kirche 1992 unter den Schutz der UNESCO, sie ist Teil der Weltkulturerbestätte „Schlösser und Parks von Potsdam und Berlin". 1993 bis 1995 wurde sie umfassend restauriert und zeigt sich heute wieder so, wie Greta und Fritz sie 1929 vorgefunden haben könnten. CB

*A*n der Heilandskirche gibt es eine Tradition, die lange zurück reicht: Liebespaare verewigen sich mit einer Inschrift auf einer der vielen Kacheln der Fassade. Hier ein Beispiel von 1929, allerdings nicht von Greta Overbeck und Fritz Höckert.

Hermannplatz

Der Hermannplatz befindet sich in Berlin-Neukölln, die meisten kennen den unterirdischen Platz als Umsteigebahnhof zweier wichtiger U-Bahnlinien: die heutige U-Bahn 7 (damals Nord-Süd-U-Bahn) in Ostwest-Richtung zwischen Rudow und Spandau und die U-Bahn 8 (damals GN-Bahn) in Nordsüd-Richtung zwischen Neukölln und Wedding (Gesundbrunnen).[36] Aufgrund seiner gewaltigen Halle gilt der Bahnhof als besonders eindrucksvoll und weltstädtisch. Gestaltet wurde er vom Chefdesigner der BVG, Alfred Grenander, der vor allem die Fliesen entwarf, die z.T. noch heute vorhanden sind. Als der Bahnhof 1926 eröffnet wurde, war er der erste mit Rolltreppen. Trotz seiner Schönheit war der Bahnhof immer auch ein Ort der Kriminalität: wie in Folge 2 gezeigt der Prostitution und heute des Drogenhandels.   AN

Eine Besonderheit ist der direkte Übergang von der U-Bahn in das Warenhaus → Karstadt. So konnte man vom zweiten Untergeschoss des Kaufhauses durch einen Tunnel unter den Gleisen auf den Bahnsteig der heutigen U8 gelangen, und über eine Brücke in die Halle der U7 (Foto vom 25.6.1929, wenige Tage nach Eröffnung).

Herz-Jesu-Kirche, Berlin-Prenzlauer Berg

Gereon Rath ist katholischen Glaubens, was an verschiedenen Stellen der Serie eine Rolle spielt: er besucht Gottesdienste, geht zur Beichte und freundet sich mit anderen Katholiken an, etwa mit Irmgard Benda, der Ehefrau des Regierungsrats. In der sechsten Folge lernt man die Kirche kennen, die Rath sonntags besucht. Es handelt sich um die Herz-Jesu-Kirche in der Fehrbelliner Straße im Prenzlauer Berg. Heute ist dieses Gebiet dicht bebaut, doch vor gut hundert Jahren gab es hier noch Äcker, Weinberge, Windmühlen und Ausflugsgaststätten, von denen eine von der katholischen Domgemeinde St. Hedwig betrieben wurde. Bald siedelten sich vermehrt Katholiken an, ein Kirchenbau wurde nötig. Dieser Bau wurde 1897/98 im frühchristlich-byzantinischen Stil errichtet und ist im Inneren so gut wie unverändert: Altar und Kanzel sind von dem Charlottenburger Bildhauer Otto Geyer, die prächtigen Wandmalereien sind von Friedrich Stummel und Karl Wenzel, zwei Meister der nazarenischen Kunst.[37] Berühmt ist die Kirche für ihre Orgel von Franz Eggert (1849-1911) – es ist die größte noch erhaltene Eggert-Orgel.[38] In einer Szene ist kurz zu sehen, wie auf dieser Orgel Regierungsrat Benda spielt.

Die Herz-Jesu-Kirche wurde in den 1920er Jahren zu einem Zentrum der märkischen Diaspora, hierher kamen zu Gottesdiensten und Prozessionen Gläubige aus ganz Berlin und Brandenburg.[39]

AN

*H*istorischer Beichtstuhl der Herz-Jesu-Kirche: Hier erleichtert Gereon Rath sein Gewissen.

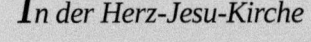

*I*n der Herz-Jesu-Kirche spielt August Benda Orgel, über der sich in einem Mosaik eine Menora zeigt, eigentlich ein jüdisches Symbol. In Folge 7 wird genau eine solche Menora im Haushalt Bendas gezeigt.

Hindenburg, Paul von

Hindenburg und Hitler, der durch solche Bilder enorm an Zuspruch gewinnen konnte. Kinder müssen bei solchen Inszenierungen oft dabei sein.

Hindenburg ist der bislang ranghöchste und bekannteste deutsche Politiker, der (kurz) in „Babylon Berlin" zu sehen ist, aber dessen Auftritt für den Fortgang der Handlung entscheidend ist: als konservativer Militär unterbindet er in Folge 14 die gerichtlichen Untersuchungen gegen die → Schwarze Reichswehr. Entgegen allgemeiner Vorstellung wird Hindenburg in der Sequenz nicht als strenger, zackiger General präsentiert, sondern als freundlicher, hochbetagter Herr, den viele Kinder gerne zum Opa hätten. Sein filmisches Aussehen ist sehr eng an ein Foto aus dem Jahr von 1929 angelehnt.

Hindenburg war und ist die Verkörperung preußischen Militärs. Er wurde als Paul Ludwig Hans Anton von Beneckendorff und von Hindenburg 1847 in Posen geboren. Nach kurzem Schulbesuch schlug er, wie seine Vorfahren, eine militärischen Karriere ein. Wo sich etwas ereignete, war Hindenburg in den folgenden Jahren vor Ort: 1866 nahm er an der Schlacht von Königgrätz teil, 1871 war er bei der Kaiserproklamation im Spiegelsaal des Schlosses von Versailles anwesend, 1888 hielt er am aufgebahrten Leichnam Kaiser Wilhelms I. Totenwache, usw. Als er nach einem reichhaltigen Soldatenleben 1911 in den Ruhestand ging, standen ihm seine größten Erfolge noch bevor! Durch den Kriegsausbruch 1914 trat er wieder in den aktiven Dienst und trug, als Oberbefehlshaber zusammen mit Erich Ludendorff (1865-1937), maßgeblich zur siegreichen Schlacht von Tannenberg bei.[40] Zwei Jahre später war er bereits Chef des Generalstabs des Feldheeres: Hindenburg traf die maßgeblichen Entscheidungen des Ersten Weltkriegs, Kaiser →Wilhelm II. stand im Abseits, dem er schließlich riet, ins Ausland zu flüchten. Für seine zahlreichen Erfolge, die im Osten schließlich zum Sieg über Russland führten, erhielt er den „Hindenburgstern", eine Sonderstufe zum Großkreuz des Eisernen Kreuzes – heute unwichtig, damals von hoher symbolischer Bedeutung. 1919 ging Hindenburg zum zweiten Mal in den Ruhestand, und wieder standen ihm seine eigentlichen Erfolge erst noch bevor! Als sich das Deutsche Reich in einer schweren Krise befand (Ruhrbesetzung, Inflation, Reparationszahlungen, Massenarbeitslosigkeit, Parteienstreit) wurde er im April 1925 zum Reichspräsidenten gewählt. Kurioses am Rande: ausgerechnet der Repräsentant des nationalkonservativen Preußen ist bis heute das einzige deutsche Staatsoberhaupt, das direkt vom Volk gewählt wurde, und sieben Jahre überwältigend wiedergewählt wurde.[41] Als Reichspräsident war Hindenburg populär, ihm gelang es, durch ausgleichende Politik die brüchige Demokratie in den nächsten Jahren überhaupt am Leben zu halten. Auch war er einer der wenigen nationalkonservativen Politiker, der sich gegen den zunehmenden Antisemitismus wandte. In seiner Amtszeit wurde ein deutsch-russischer Freundschaftsvertrag abgeschlossen, die Arbeitslosenversicherung wurde eingeführt, der Young-Reparationsplan abgeschlossen, das Deutsche Reich konnte in den Völkerbund eintreten, in Lausanne wurde schließlich ein Ende der Reparationszahlungen erzielt.

Zum Verhängnis wurde ihm, dass er am 30. Januar 1933 Adolf Hitler zum Reichskanzler berief, sich an der Auflösung des Reichstags beteiligte und durch Erlasse die Grundrechte einschränkte.[42] Hindenburg verstarb am 2. August 1934, er wurde in einer pompösen Feier durch die Nationalsozialisten im Denkmal der Tannenberg-Schlacht beigesetzt. Seitdem ist Hindenburg zu einem Badguy der deutschen Geschichte geworden. Sein Grabmal wurde mehrmals geschändet und in den Jahren 1952/53 durch polnische Pioniertruppen restlos beseitigt. Städte wie Dortmund, Köln, Karlsruhe, Leipzig, München, Münster und Stuttgart verliehen erst Hindenburg unterwürfig die Ehrenbürgerschaft, später, wieder dem Zeitgeist nacheilend, löschten sie die Ehrenbürgerschaft, gleiches lässt sich bei Hindenburgschulen, Hindenburg-Straßen und Hindenburg-Plätzen, Hindenburg-Kasernen und Hindenburg-Parks feststellen. KP

Hypnose

Das Standardwerk für Lehrende und Auszubildende: „Hypnotismus und Suggestivtherapie". 1928 ging es in die vierte Auflage.

Um Kriegsneurosen aller Art zu lindern wurde auch auf Hypnose zurück gegriffen, nicht nur in „Babylon Berlin", sondern auch in der Wirklichkeit. Die medizinische Hypnose, auch Hypnotherapie (altgr. hypnos = Schlaf, therapia = Behandlung) zur Linderung, wenn nicht gar Heilung einzusetzen ist ein altes Verfahren, seine Wurzeln hat es als exorzistische Methode des späten 17. und frühen 18. Jahrhunderts.[43] Um 1900 hatte sich im Umkreis der Militärmedizin eine Richtung herausgebildet, die Hypnose mit Suggestion verknüpfte, die mit Beginn des Ersten Weltkriegs ihren Boom erlebte. Führend war der Mediziner Max Nonne (1861-1959).[44] Sein Hamburger Institut war das Vorbild für das fiktive „Institut für Suggestive Therapie" in Berlin-Adlershof. Selbstverständlich gab es aber auch in Berlin eine Hypnose-Szene: Hier in Berlin hielt Rudolf Steiner Vorträge über Spiritismus, Hypnotismus und Somnambulismus (Schlafwandeln), hier wurde die „Zeitschrift für Hypnotismus" herausgegeben, hier wurde an der „Neurologischen Centralstation" hypnotisch gearbeitet, hier wirkte Oskar Vogt (1870-1959), dem wegen seiner Leidenschaft für den Hypnotismus in Leipzig gekündigt worden war, worauf er mit seiner Praxis nach Berlin zog, sowie der Psychiater Johannes H. Schultz

(1884-1970), der „Erfinder" der Autohypnose, die er „autogenes Training" nannte.

Ihnen gemeinsam war das ernsthafte Bestreben, funktionell-motorische Reiz- und Lähmungserscheinungen bei Kriegsteilnehmern durch „Suggestion in Hypnose" zu erreichen. Dabei heilte man auch durch Handauflegen, durch persönliche Anwesenheit des Arztes als „Heiler" und vor allem durch faradischen Strom.[45] In dieser Kombination soll man erstaunliche Erfolge erzielt haben, meist schon Symptomfreiheit nach der ersten Behandlung.

Neben dieser medizinischen Richtung gab es in der Weimarer Republik ein großes allgemeines Interesse an dem Thema, populäre Werke wie „Die geheimen Mächte der Hypnose oder Suggestion" sowie „Hypnotische Kräfte – Suggestive Mächte" erlebten Auflage um Auflage, es gab mehrere hypnotische Praxen, vor allem in Charlottenburg und Schöneberg. Hier ging es weniger um Kriegsversehrte, sondern um wohlhabende Bürger und Bürgerinnen, die ihre Leiden nicht allein mit der Schulmedizin behandelt wissen wollten. AS

Jeder einmal in Berlin

*O*riginalstempel der Werbekampagne „Jeder einmal in Berlin", 1929.

2008 gab es den Werbeslogan „be Berlin", fast 100 Jahre zuvor hieß es „Jeder einmal in Berlin", was heute wohl „Jede und jeder einmal in Berlin" wäre. „Jeder einmal in Berlin" war ein Spruch, mit dem während der 1920er Jahre in ganz Deutschland und auch in Österreich in Tageszeitungen und auf Litfaßsäulen geworben wurde. Zurück geht der Spruch auf das Jahr 1927. In diesem Jahr hatte der Magistrat von Berlin ein neues Amt geschaffen, das für alle Werbeaktionen der Stadt zuständig sein sollte. Es

hatte den Namen „Ausstellungs-, Messe- und Fremdenverkehrsamt", kurz „Ameframt". Im diesem Amt ist der Slogan und seine grafische Umsetzung entstanden, wobei vermutlich mehrere Designer und Werbefachleute beteiligt waren. Als gelungen gilt, die Bezeichnung „Berlin" durch sechs Säulen des Brandenburger Tors darzustellen. In „Babylon Berlin" spielt „Jeder einmal in Berlin" in der Beziehung zwischen Gereon und Helga Rath eine Rolle. Zu sehen ist der Slogan in der allerersten Folge kurz auf auf einem Plakat einer Litfaßsäule, welches Karl „Charal" Vorreiter 1928 entworfen hat.   CB

Karstadt am →Hermannplatz

Am Hermannplatz wurde zwischen 1927 und 1929 durch den Architekten Philipp Schaefer ein Karstadt auf einem Grundstück errichtet, welches bereits zu Kreuzberg gehörte.[46] Durch Streiks und einen verheerenden Brand 1929 verschob sich die Eröffnung mehrfach.[47] Dieses Karstadt-Warenhaus war damals das weltweit modernste und übertraf seine Konkurrenten am →Alexanderplatz und am Potsdamer Platz bei weitem: Der Gebäudekörper mit Muschelkalkfassade war 32 Meter hoch. An den Ecken zum Hermannplatz schoben sich zwei Türme nochmals 24 Meter nach oben und wurden von Lichtsäulen bekrönt, die jeweils 15 Meter in den Berliner Himmel ragten. Diese Lichtsäulen waren Signalpunkte für den nahegelegenen Flughafen Tempelhof. 24 Rolltreppen verbanden neun Etagen, dazu kamen 45 Fahrstühle. Unterirdisch konnte man von zwei U-Bahnlinien in das Gebäude gelangen. Legendär war der Dachgarten mit Blick über ganz Berlin, hier gab es täglich Konzerte, Modeschauen und Tanzveranstaltungen.[48] In Folge 11 schwärmt Helga Rath von einem Besuch des neuen Warenhauses.

Das prächtige Gebäude wurde bei Kriegsende nicht von der SS gesprengt, sondern wurde bei den schweren Kämpfen um den Hermannplatz im April 1945 beschädigt. Es folgte 1950 ein vereinfachter Wiederaufbau ohne Türme und ohne die Originalfassade.[49] Über die Jahre wurde dieses Karstadtgebäude ein Beispiel für geschmacklosen Billigbau und Großstadt-Verwahrlosung. Im Januar 2019 verkündete Karstadt die originalgetreue Rekonstruktion der Muschelkalkfassade und der beiden Türme, die zukünftig für Wohnungen genutzt werden sollen.[50]

In der vierten Folge der ersten Staffel ist der Rohbau des Kaufhauses zu sehen. Vor dem Bau demonstrieren Arbeiter zum Ersten Mai und werden von der Polizei massakriert. Besonders deutlich wird in dieser Szene der Kontrast zwischen luxuriösem Konsumwarentempel einerseits und verarmten Arbeitern anderseits, die wohl in den wenigsten Fällen damals bei Karstadt einkaufen gingen. AN

Nicht nur bei Tag attraktiv, sondern bei Nacht ein leuchtender Magnet, der damals von Besuchern als „amerikanisch" empfunden wurde.

Kolonialwarenläden

Edeka-Logo der Zwanziger Jahre: die aufgehende Sonne spielt auf den gewünschten „Platz an der Sonne" an.

Kolonialwarenläden (außerhalb von Berlin auch als Kolonialwarenhandlung bezeichnet) gab es in Berlin noch, als es schon längst keine Kolonien mehr gab. Es war eine Modeerscheinung aus der Kaiserzeit, die den Genuss exotischer Lebensmittel ermöglichte, wie Kamerun-Bananen und andere Südfrüchte, Kaffee, Tabak, Reis, Kakao, Gewürze und Tee. In den Zwanziger Jahren gab es solche Produkte längst in anderen „normalen" Kaufläden und Warenhäusern. Den Titel „Kolonialwarenladen" führte man aber gerne weiter, um damit seine Verbundenheit mit den im Versailler Vertrag verlorenen Kolonien Deutsch-Ostafrika, Kamerun, Togo, Tsingtau, Samoa und Deutsch-Neuguinea zu zeigen. Versteckt existieren noch heute Kolonialwarenläden in ganz Berlin und darüber hinaus: Die Abkürzung der in Berlin gegründeten Lebensmittelkette Edeka lautet ausgeschrieben: „**E**inkaufsgenossenschaft **d**er **K**olonialwarenhändler".[51]

AS

Lied: „Deine Augen sind Magnete"

Aus dem Grammophon ertönt ein Lied auf dem Hof. Toni Ritter zieht ihre Schwester Charlotte ans Fenster und ruft „Leopold". Gemeint ist Leopoldi, genaugenommen Hermann Leopoldi (1888-1959). Dieser war einer der erfolgreichsten Wiener Komponisten und Kabarettisten jener Jahre, der auf Tourneen immer wieder in Berlin gastierte. Dort feierte er seine Erfolge mit „Schnucki, ach Schnucki", „Am besten hat's ein Fixangestellter" oder eben mit „Deine Augen sind Magnete". Die Melodie entstand 1930, der Text ist von Erwin Wendelin Spahn (1898-1941):

Deine Augen sind Magnete
und sie strahlen den Sternen gleich
Deine Küsse Verbindungsdrähte
zwischen Erde und dem Himmelreich.
Bisschen Technik, bisschen Liebe
bisschen Wonne und bisschen Schmerz
sind der Motor in dem Getriebe
und betriebsam ist das dumme Herz.

Die Melodie entspricht jedoch nicht mehr modernen Hörgewohnheiten, so dass in „Babylon Berlin" nicht das Original zu hören ist, sondern eine leicht modernisierte Fassung, die auch frei von störendem Rauschen ist.

Was aber machte den Erfolg solcher einfacher Lieder aus? Gerade ihre Einfachheit, denn nach wenigen Minuten konnte man den Text auswendig mitsingen, dann auch der Witz und das Lebensbejahende der Textzeilen. Wer dieses Lied hörte, konnte für einen Moment die Sorgen des Alltags vergessen und genau darum ging es – musikalische Lebenshilfe in schwersten Zeiten.

Schwere Zeiten machten auch Leopoldi und Spahn mit: beide waren Juden und wurden von den Nationalsozialisten verfolgt, Spahn wurde im KZ Dachau ermordet, Leopoldi wurde im KZ Buchenwald inhaftiert, bis er von Verwandten freigekauft werden konnte und nach New York emigrierte.[52] Es gelang ihm, an seine früheren Erfolge anzuknüpfen, seine Lieder heißen nun „I am a quiet Drinker" oder „A little Café down the street". DA

Lied "Licht aus, Messer raus"

Als beiläufig das Wort „Revolution" fällt, zitiert die kleine Toni, Charlotte Ritters jüngere Schwester, das Lied „Licht aus, Messer raus". Dieser Kehrreim ist aus dem gleichnamigem Lied, welches der Komponist C. Urban 1918 in Berlin geschaffen hat. Vertont wurde es möglicherweise von Max Adam.

Beliebt wurde das Lied nach dem Ersten Weltkrieg. Einen wirklichen Grund für die Popularität lässt sich kaum finden, es gibt zahlreiche ähnliche Lieder, die völlig unbekannt blieben. „Licht aus, Messer raus" war zunächst ein Kampf- und Kneipenlied („haut ihn dass die Fetzen fliegen"). „Licht aus, Messer raus" wurde in den 1920er Jahren auch bei Veranstaltungen der Berliner Ringvereine gerufen, wenn es zur Sache ging. Dann wird in dem Lied auch Fatalismus („Ganz egal man stolz't auch damit durch Berlin") und bittere Armut nach dem verlorenen Krieg thematisiert („Kinder halt' die Luft an, ihr steht vor'm Ruin!"). Vor allem die zynisch-gewitzte Stimme (etwa von Alexander Flessburg 1928 und erneut 1931) sowie der vorwärtsdrängende Rhythmus, der an Märsche und politische Kampflieder anklingt, haben zum Erfolg des Liedes beigetragen:

Licht aus, Messer raus,
haut ihn dass die Fetzen fliegen,
Licht aus, Messer raus,
schmeisst den Kerl zum Fenster raus,
Licht aus, Messer raus,
haut ihn dass die Fetzen fliegen,
Licht aus, Messer raus,
schmeisst den Kerl doch raus!

Kinder halt' die Luft an, ihr steht vor'm Ruin!
Habn'n nichts anzuzieh'n,
Nur noch Holzpantin'n.
Ganz egal man stolz't auch damit durch Berlin
Und mit froher Mien'
Wird geschrie'n....:

Ja alles wegen Dir!
Ja alles wegen Dir!
Ja wegen Dir! DA

Lied „Mir ist so nach Dir"

Folge 10 eröffnet mit einer Tanzeinlage von Helga und Gereon Rath durch die Wohnung von Wolter, zu dem Lied „Mir ist so nach Dir". Die Swing-Musik ist von dem jüdisch-russischen Komponisten Mischa Spoliansky (1898-1985), der in Berlin lebte und arbeitete. „Babylon Berlin" spielt den Song in der Fassung von Leo Monosson (1897-1967), der ebenfalls Jude war, aus Russland stammte, vor den Kommunisten flüchtete und ab 1923 in Berlin tätig war. Hier sang er für ca. 1400 Schallplattenaufnahmen, er galt als Meister der süßlichen Liebesschnulzen. Seine größten Erfolge waren „Liebling, mein Herz lässt dich grüßen", „Mein Fräulein, ich verehre sie", „Wenn man sein Herz verliert" – und eben 1930 „Mir ist so nach Dir".

„Mir ist so nach Dir" in der Monosson-Fassung wurde von dem Geiger Paul Godwin (1902-1982) intoniert.[53] Auch dieser Künstler hatte einen jüdisch-russischen Hintergrund und lebte ab 1920 in Berlin, dem unbestrittenen Zentrum russischer Emigranten, die sich vorzugsweise in Charlottenburg niederließen. Godwin hatte in Berlin sein eigenes Orchester gegründet und stand bei mehreren Gramophongesellschaften unter Vertrag; er gilt als der kommerziell erfolgreichste deutsche Musiker der Weimarer Zeit. Alle drei hier genannten Künstler konnten vor den Nationalsozialisten fliehen, überlebten den Zweiten Weltkrieg und setzten nach 1945 ihre Karriere in unterschiedlicher Weise fort. DA

Lipezk, Luftwaffenstützpunkt

Lipezk ist eine Stadt in Russland, knapp 400 Kilometer südlich von Moskau. Die Stadt, die heute über 500.000 Einwohner zählt, hatte damals etwa 20.000 Einwohner und einen gut ausgebauten Flugplatz. Um diesen Flugplatz entstand ab 1925 ein fruchtbares Projekt deutsch-russischer Zusammenarbeit. Ausgangspunkt war der Ver-

trag von Rapallo, der eine Annäherung der beiden ehemaligen Kriegsgegner herbeiführte. Es kam über geheime Zusatzverträge auch zu militärischer Kooperation, zur Einrichtung einer Panzerschule in Kasan, einer Gaskampfschule bei Tomka und zu einer Fliegerschule auf dem Flugplatz Lipezk.

Vor allem von einer Aufrüstung der deutschen Luftwaffe befürchteten die Russen, anders als Franzosen oder Engländer, wenig: Langstreckenbomber gab es noch nicht, selbst bei einem Start im östlichsten Teil Ostpreußens hätte die Luftwaffe erst Polen oder die baltischen Staaten durchfliegen müssen, bevor man Russland bedroht hätte.

In Lipezk konnten die deutschen Militärs vieles tun, was ihnen im Deutschen Reich der Versailler Vertrag untersagte: Kampfflugzeuge entwickeln, Waffensysteme erproben, Luftwaffensoldaten ausbilden. Bis zu 140 Soldaten waren in Lipezk stationiert und unterstanden Major a. D. Walter Stahr (1882-1948).[54] Verantwortlich war die Leitungsgruppe „Flieger-Inspektion 1 (L)", die vollständig vom Reichswehrministerium finanziert wurde. Die Russen willigten in dieses Projekt ein, weil sich Stalin eine technische Verbesserung der Roten Armee erhoffte. Nur die wenigsten Russen werden geahnt haben, dass sich eines Tages die hier ausgebildeten deutschen Soldaten gegen das eigene Land richten würde.

In einer spektakulären Flugreise schafften es Gereon Rath und seine Begleiter bis zu dem sowjetischen Flugplatz. Unter feindlichem Beschuss können Aufnahmen gemacht werden, die im weiteren Handlungsverlauf zu Anklagen gegen die Verantwortlichen führen.

AN

In Wirklichkeit gibt es nur ganz wenige Aufnahmen von dem geheimen Flugplatz, vielleicht sogar nur diese eine: eine Staffel Fokker D.XIII.

Menschen am Sonntag (Stummfilm)

Ein Film im Film ist ein bewährtes Stilmittel, auf welches auch „Babylon Berlin" nicht verzichtet. Somit sehen wir in Folge 3 einen kleinen Ausschnitt aus dem Stummfilm „Menschen am Sonntag". Die Sequenz dient vor allem dazu, eine Stimmung zu transportieren. „Menschen am Sonntag" ist ein Film von Edgar G. Ulmer (1904-1972) und Robert Siodmak (1900-1973). Beide waren junge jüdische Filmbegeisterte, der eine aus Mähren, der andere aus Sachsen, die sich in Berlin kennen lernten. Hinzu kam als Ghostwriter ein Samuel Wilder aus Galizien – in den USA sollte er als Billy Wilder Weltruhm erlangen.

Der Film, gedreht 1929 und 1930, gilt heute als Meisterwerk der Neuen Sachlichkeit und gleichzeitig als ein Dokument über die einstige Schönheit Berlins. Es ist das erste Werk von Siodmak, der später populäre Filme wie „Draculas Sohn", „Strafsache Thelma Jordon" oder „Der rote Korsar" drehen sollte.[55] Auch viele der Schauspieler geben in dem Film ihr Debüt. Gedreht wurde in Berlin und Potsdam. Nicht mehr die Lebenswelt der Arbeiter steht im Mittelpunkt, sondern Verhaltensweisen, Träume und Gewohnheiten der Angestellten, der neuen, kommenden Schicht, die besonders Berlin nach dem Ersten Weltkrieg mehr und mehr prägte. In „Menschen am Sonntag" wird nicht süßlicher Liebesschmerz gezeigt, wie es die Massen liebten, sondern vier junge Menschen, die sich am Sonntag entspannen.[56] Ihnen gegenüber sind immer wieder Menschenmengen auf der Suche nach Erholung gesetzt, so Spaziergänger an der Spree, Besucher eines Straßencafes, Szenen aus dem Strandbad Wannsee – eigentlich ist es auch das Leben von Charlotte Ritter oder von Gereon Rath, welches hier gezeigt wird.   DA

Zwei Menschen lernen sich kennen, man ahnt schon, wie es weiter geht.

BB-Filmlexikon

Mietskasernen

Selbst heute gibt es (wenige) Berliner Hinterhöfe, die einen Eindruck der Wohnsituation in Mietskasernen vermitteln.

„Babylon Berlin" zeigt schöne Villen, doch die meisten Berliner und Berlinerinnen lebten 1929 in einer Mietskaserne. Es gab sie in fast ganz Berlin, vor allem in den Bezirken Kreuzberg, Prenzlauer Berg, Wedding und Friedrichshain.[57] In den heruntergekommenen Häusern und Höfen wurde gelebt und gearbeitet, in einzelnen Zimmern wohnten bis zu drei Familien gleichzeitig, Bäder gab es kaum, dafür oftmals Schimmel und reichlich Dunkelheit.[58] Ein zusätzliches Phänomen waren „Schlafgänger": Mieter, die sich kein Zimmer leisten konnten, sondern die stundenweise ein Bett mieteten.[59] Die Menschen lebten mit- und gegeneinander; anonymes und vereinsamtes Wohnen gab es nicht, bestes Beispiel ist die Familie Ritter. In ihrer Weddinger Wohnung werden bereits in der ersten Staffel typische Mietskasernen-Probleme vorgeführt: Mietschulden, Alkoholismus, Prostitution. Wenn gezeigt wird, wie Charlotte, Minna und Toni in einem Bett schlafen, belegt das vor allem, wie wenig Privatsphäre es damals im „Milljöh", wie Zille die Mietskasernen-Viertel charakterisierte, gegeben hat. Drastische Szenen häuslicher Gewalt bietet vor allem die Folge 11. Heute freilich sind die einfachen Wohnungen von damals begehrt: es wurden Bäder eingebaut, und wo früher mehrere Familien zusammen wohnten, lebt heute ein Single; wo früher lautes Gewerbe einen gesunden Schlaf verhinderte, sitzen heute smarte Urban Professionals und gründen Startups.

CB

Moka Efti

*D*er arabische Salon des Moka Efti.

Das Moka Efti wurde erst berühmt, als es schon längst nicht mehr existierte: „Babylon Berlin" hat dem Moka Efti ein Denkmal gesetzt.[60] Gegründet wurde es von einem Griechen namens Giovanni Eftimadis (daher der Namene „Efti") aus Italien, wo im 19. Jahrhundert viele Griechen lebten. Eftimadis zog nach Berlin und eröffnete 1926 an der Ecke Leipziger Straße/Friedrichstraße das Lokal Moka Efti, und schon wenige Jahre später im April 1929 gleich ein zweites Moka Efti genau gegenüber an der gleichen Straßenkreuzung. Um dieses zweite Moka Efti geht es in „Babylon Berlin". Doch was war das Moka Efti eigentlich? Alles: eine Konditorei, ein Amüsierbetrieb, ein Revuelokal und Tanzhaus, in dem mehrere separate Geschäfte untergebracht waren, wie ein Friseursalon, ein Billardsalon, ein Stenografie-Service und ein Schachsaal. Legendär war ein exquisites Fischrestaurant, im Film verewigt durch das riesige Aquarium und den Oktopus, der in der ersten Folge kunstvoll serviert wird. Spektakulär zerbricht das Aquarium dann in der achten Folge, und in Folge 13 wird Charlotte Rath zwischen tiefgekühlten Fischen in den Kellerräumen des Moka Efti gefangen gehalten und gefoltert.

In „Babylon Berlin" stellt der Zuschauerraum des Stummfilmkinos Delphi in Berlin-Weißensee die Innenräume des Moka Efti dar. Es wurde genau in dem Jahr erbaut in dem der Film spielt. Seine gläserne Fassade wurde von Uli Hanisch im Studio Babelsberg in der Kulissenlandschaft Neue Berliner Straße aufwendig nachgebaut.[61]

Insgesamt brachte es das zweite Moka Efti auf 2800 m² – woher Eftimadis das Kapital für die luxuriöse Ausstattung des riesigen Etablissements in bester Lage hatte, wusste niemand. Es gab verschiedenste Gerüchte; Im Film ist der Besitzer an ihn angelehnt, der stets als „der Armenier" bezeichnet wird und so viel Geld wie Kontakte in die Unterwelt zu haben scheint. Die Blütezeit des Moka Efti war kurz, nach nur vier Jahren nutzte die NSDAP das Moka Efti für Parteiveranstaltungen – Swingtanzen war jetzt verboten, Eftimatis musste schließlich als Ausländer seine Gründung verkaufen, was sich als Glück herausstellte, da beide Moka Eftis 1943 durch Bombenangriffe totalzerstört wurden. Als Kaffeemarke gibt es Moka Efti jedoch in Italien noch heute.

CB

Im Frühjahr 1929 war es das Großereignis der Boulevardpresse: Das Moka Efti eröffnet wieder!

Molle mit Korn

Was trinkt ein Berliner in den 1920er Jahren? Im Bürgertum „Berliner Weiße", Arbeiter und Angestellte hingegen „Molle mit Korn". So macht es auch nach einem anstrengenden Tag im Polizeipräsidium Gereon Rath in einer Eckkneipe. Anders als in osteuropäischen Ländern, wo Schnaps und Bier direkt miteinander vermischt sind, werden bei „Molle mit Korn" Bier und Schnaps stets getrennt serviert. Es handelt sich um ein Pils, auch als „Blondes" bezeichnet, meist der damals bekannten Marken

Berliner Pils, Schultheiss, Berliner Kindl oder Patzenhofer – Berlin war damals der größte Brauereistandort Europas.

In einem separaten Glas wird der Korn serviert, auch „Gedeck" genannt, was stets nach dem Bier getrunken wird. Hier war die Firma „Mampe" führend, die vor allem Kräuterschnäpse aller Art produzierte.

KP

„Molle mit Korn" war in den 1920er Jahren das Mineralwasser der Massen; heute ist es wegen des hohen Alkoholgehalts und veränderter Trinkgewohnheiten gänzlich aus der Mode gekommen.

Opus

„Opus II" ist ein Kurzfilm, welcher mit Form, Farbe und Bewegung experimentiert. Geometrische Figuren, meist Kreise und Rechtecke, bewegen sich rhythmisch; man gewinnt den Eindruck, die Formen pulsieren, atmen, leben. Es sind Ölfarben, die langsam auf Glasplatten zerlaufen. Teile von Opus II und Opus IV werden im Abspann der ersten beiden Staffeln von „Babylon-Berlin" verwendet.

Trotz seiner erstaunlichen Modernität ist es ein Zeitdokument der Filmpionierzeit: „Opus II" ist eine experimentelle Arbeit von Walter Ruttmann aus dem Jahr 1921. Ruttmann war Kameramann, Filmregisseur sowie Experimentalfilmer. 1887 in Frankfurt am Main geboren studierte er Kunst und Architektur.[62] Von 1921 bis 1925 arbeitete er an einer Serie von Experimentalfilmen mit dem Titel „Opus", von denen vier Teile bekannt sind. Ruttmanns bedeutendster Film ist „Berlin – Die Sinfonie der Großstadt" von 1927. Ein Jahr später arbeitete er an dem ersten abendfüllenden

Tonfilm mit, der am 31. August 1928 auf der Berliner Funkausstellung dem staunenden Publikum präsentiert wurde. Seit 1933 stellte er sein Können dem Dritten Reich zur Verfügung, er produzierte völkische Propaganda und Kriegsfilme. 1941 verstarb er in Berlin. DA

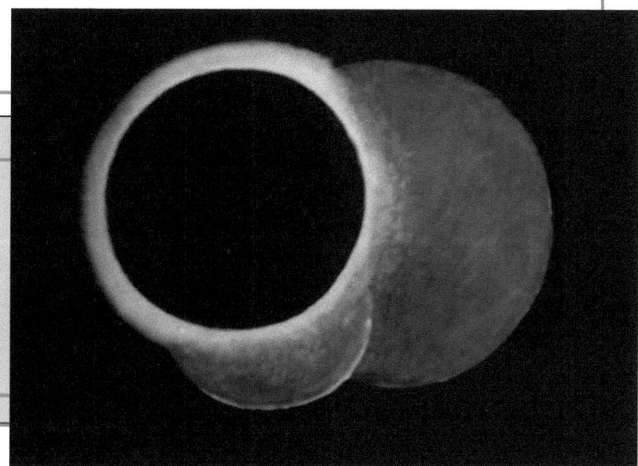

*S*equenz aus „Opus II", welche auch in „Babylon Berlin" zu sehen ist.

Overstolz (Zigarettenmarke)

In allen Folgen wird heftig geraucht. Und tatsächlich war es in den Zwanziger Jahren geradezu Pflicht, dass erwachsene Menschen rauchten: auf Behörden, in Kneipen, in der Straßenbahn. Vor allem rauchten jetzt auch Frauen in der Öffentlichkeit – die Emanzipation in gesundheitsschädlichem Verhalten war erreicht. An Beliebtheit unübertroffen war eine deutsche Zigarettenmarke: Overstolz. Unverhohlen warb man mit dem Slogan: „Die meistgerauchte deutsche Zigarette". In den Jahren der Weimarer Republik war dies tatsächlich der Fall. Konkurrierende Marken waren damals Salem, Finas, Nil, Eckstein – doch in „Babylon Berlin" wird ausdrücklich nur nach Overstolz verlangt!

Die Marke mit dem eigenartigen Namen wurde nach dem mittelalterlichen Kölner Patriziergeschlecht der Overstolzen benannt. Sie gehörte zum Konsortium „Haus Neuerburg", welches erst in der späteren zweiten Hälfte des 19. Jahrhunderts in den Tabakmarkt einstieg. Schnell war Overstolz in ganz Deutschland bekannt und beliebt. Das Stammhaus befand sich in Köln, nach dem Ersten Weltkrieg entstanden Fabriken in Dresden, Hamburg, Stuttgart und München. KP

Paternosteraufzug

Der Aufzug aus „Babylon Berlin" ist nicht am →Alexanderplatz zu finden, sondern im Rathaus Schöneberg, eingerichtet von der Firma Carl Flohr 1914.

In „Babylon Berlin" ist der Paternosteraufzug ein symbolischer Ort des Auf- und Abstiegs, der Begegnung und der Trennung. Zunächst ist er auch ein Symbol der modernen Großstadt: die modernsten Verwaltungsbauten, Behörden und Einrichtungen wurden damals mit solchen Fahrstühlen ausgestattet.[63] Bei einem Paternosteraufzug verkehren zahlreiche an zwei Ketten befestigte Einzelkabinen im ständigen Umlaufbetrieb. Die Kabinen werden am oberen und unteren Wendepunkt über große Scheiben in den jeweils anderen Aufzugsschacht umgesetzt: damit hat man bei Paternosteraufzügen stets zwei Aufzüge nebeneinander: einer fährt nach oben, der andere nach unten. Die ersten dieser Aufzüge kamen in England zum Einsatz, in Deutschland im Hamburger Hafen. In der Reichshauptstadt gab es ebenfalls zahlreiche Paternosteraufzüge, die zum Teil noch heute in Betrieb sind: in der Berlin-Brandenburgischen Akademie der Wissenschaften (ursprünglich ein Bankgebäude in der Jägerstraße), im Haus des Rundfunks in Berlin-Charlottenburg, im Rathaus Schöneberg oder im Wohnhaus Kurfürstendamm 57.

Paternoster heißen sie übrigens nicht, weil die Kabinen wie bei einem Rosenkranz aneinandergereiht sind, sondern weil viele Fahrgäste Sorge hatten, dass die Kabinen am oberen und unteren Ende umkippten und man sich verletzt, vielleicht sogar zusammengequetscht würde. Daher wurde es sprichwörtlich, dass man diese Aufzüge nur betritt, wenn man ein „Vater Unser" (in Latein „Pater noster") betet.

In „Babylon Berlin" stoßen in der ersten Folge Gereon Rath und Charlotte Ritter vor einem Paternosteraufzug aneinander und lernen sich so kennen. In der Folge 11 sucht Kriminaloberkommissar Böhm seinen Mitarbeiter Wolter – und findet ihn vor dem Aufzug; Charlotte Ritter trifft im Aufzug ihre Mitarbeiterin Doris und gerät dadurch an einen ganz neuen Fall um die Gebrüder → Sklarek. CB

Pferdegasmaske

Vollständige Gasmaske mit Atemschutz, Geschirr und Augenmaske.

Die Pferdegasmaske ist in Babylon Berlin ein Symbol für die Schrecken des Krieges im Allgemeinen. Immer wieder taucht das Symbol auf, sei es als expressionistisches Gemälde auf einem Erpressungsfoto, sei es auf einer Bildergalerie einer Kölner Wohnung. Am Ende von Folge 7 taucht in den Erinnerungen von Gereon Rath ein Pferd mit Gasmaske auf. Das Schlachtfeld ist mit Toten übersät, darüber hinweg irrt vereinsamt ein überlebendes Pferd mit Gasmaske.[64] Das Bild erscheint skurril und düster, es soll auch die Traumatisierung verdeutlichen, die die Kriegsteilnehmer noch nach Jahren und Jahrzehnten in Träumen und Erinnerungen verfolgen.

Tiergasmasken gab und gibt es tatsächlich. Sobald Gas als chemische Waffe erfunden war, kam es auch zur Produktion von Gasmasken für Mensch und Tier. Gerade der Einsatz von Pferden war während des Ersten Weltkriegs ein Massenphänomen;[65] Zum Einsatz kamen Pferdemasken in vielen europäischen Armeen, so im Deutschen Reich, in Großbritannien, im Russischen Reich und in Frankreich. Die Armeepferde wurden extra darin geschult, sich an die widernatürliche Maske zu gewöhnen. Im Einsatz war dann oftmals nicht genügend Zeit, den Tieren die komplizierten Masken umzuschnallen, da der Soldat erst sich selbst schützen musste. KP

Pharus-Plan

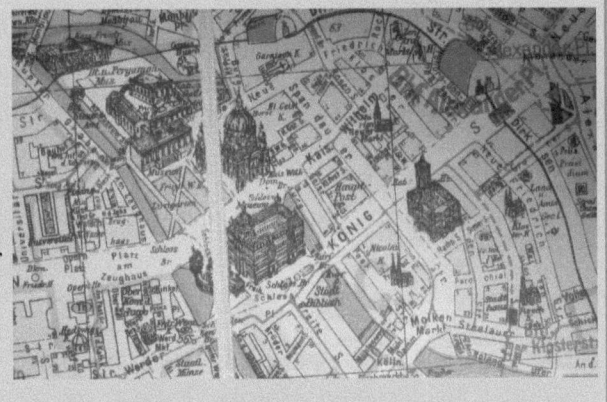

Pharus-Stadtplan von 1929 mit seinen charakteristischen Illustrationen bekannter Bauten, hier in der Mitte der Berliner Dom, darunter das Schloss und rechts das Rote Rathaus, darüber, mit rotem Dach, der Bahnhof →Alexanderplatz. Ein Großteil der Handlung von „Babylon Berlin" findet in diesem Bereich statt.

Während der Planung des Attentats auf →Stresemann liegt er voll ausgebreitet auf dem Tisch: der Pharus-Stadtplan (Folge 13). In den 1920er Jahren war der Pharus-Stadtplan *der* Stadtplan, er war aufgrund seiner klar erkennbaren Symbole beliebt und gab bestmögliche Orientierung, leider auch für ein Attentat. Der ungewöhnliche Name „Pharus" bezieht sich auf den antiken Leuchtturm Pharus von Alexandria: wie dieser Leuchtturm den Seemann sicher zum Hafen geleitet, so soll der Tourist sicher durch

die Stadt geführt werden – dank des Pharus-Plan. Heute gibt es wegen Google Maps kaum mehr papierene Stadtpläne oder Landkarten; einst waren sie Bestandteil jedes besseren Haushalts. Unzählige innovative Unternehmen waren in der Kaiserzeit gegründet worden, so auch Pharus, natürlich in Berlin. Die Gründer waren Cornelius Löwe, Eberhard Löwe und Ernst Knaudt. Sie entwarfen ihre Stadtpläne auch für andere deutsche und europäische Städte. Nur in Berlin hingen aber die Pharus-Pläne als Umgebungskarten auf den S- und U-Bahnhöfen aus, was die Pläne zusätzlich bekannt machte. CB

Plumpe

Hertha BSC Berlin 1929 in einem Spiel in der Plumpe.

In der sechsten Folge versucht der fiktive Journalist Samuel Katelbach den Polizisten Rath mit Karten für ein Fußballspiel in der Plumpe zu bestechen – erfolglos. Dabei hatte Rath großes Glück, denn Katelbachs Angebot ist nicht korrekt: das Spiel der Vereine Hertha BSC gegen Holstein-Kiel fand am 22. Juni 1930 gar nicht in der Plumpe statt, sondern im Düsseldorfer Rheinstadion.

Die Plumpe gibt es heute nicht mehr. Sie war eine Sportstätte im Berliner Ortsteil Gesundbrunnen, die vor allem vom Fußballverein Hertha BSC zum Training und zu Heimspielen genutzt wurde. Die Plumpe war eines der Prestige-Bauprojekte von Oberbürgermeister →Böß, der das Stadion 1923/24 für 35.000 Zuschauer errichten ließ.[66] Das Stadion war bei der Bevölkerung bald äußerst beliebt, da es verkehrsgünstig lag und erstmals Sitzplätze bot, als andere Stadien nur Stehplätze anboten. 1936 wurden hier die Gruppenspiele des olympischen Fußballturniers ausgetragen.

„Plumpe" wurde das Stadion bald genannt, weil sich an seinem Eingang eine der vielen Berliner Wasserpumpen befand, an der sich Sportbesucher vor und nach Veranstaltungen kostenlos erfrischen konnten.

Die Sportstätten wurden 1974 abgerissen und durch menschenverachtende Betonanlagen im Brutalismus-Stil ersetzt, die zu den hässlichsten Wohnbauten zählen, die in West-Berlin jemals errichtet wurden.   CB

Polizeipanzer

*P*olizeipanzer, der 1929 während des → *Blutmai* im Einsatz war.

In der vierten Folge ist er kurz zu sehen: während der Unruhen des → „Blutmai" rattert ein Polizeipanzer durch die Straßen von Kreuzberg und verschreckt Demonstranten und die Bevölkerung. Der wackelige Panzer erscheint dem heutigen Zuschauer wie eine handgemachte Seifenkiste, war aber damals die schärfste und modernste Waffe, die die Polizei aufzubieten hatte. Euphemistisch wurde der Polizeipanzer als „Sonderwagen" bezeichnet. Da die Reichswehr laut des Versailler Vertrags überhaupt keine Panzer haben durfte, stattete man im Deutschen Reich viele Polizeidirektionen mit diesen Sonderwagen aus.[67] Auch versuchte man, mit diesen Wagen die Straßenunruhen, die die ganze Weimarer Republik begleiteten, in den Griff zu bekommen.

Die meisten Panzer wurden von den Firmen Daimler, Ehrhardt und Benz neu gebaut, andere Panzer wurden vom Heer übernommen und umgebaut.[68] Die Panzerung betrug zwölf Millimeter, im vorderen und hinteren Bereich befand sich jeweils ein Maschinengewehr auf einem Drehturm samt Wasserkühlung. Sie waren hoch gebaut, um das Erstürmen zu erschweren.[69] Mit zehn Tonnen Gewicht waren sie in der Lage, Straßenbarrikaden beiseite zu räumen. Im Einsatz konnte der Wagen mit Vierradantrieb ebenso schnell nach vorne wie nach hinten fahren. Eine volle Besatzung betrug sechs Mann, wovon einer am Steuer saß und zwei bei den Gewehren standen.   AN

Polizeipräsidium

*F*arbige Postkarte des Polizeipräsidiums mit den vier markanten grünen Türmen.

In dem Roman „Berlin →Alexanderplatz" von Alfred Döblin wurde dem Berliner Polizeipräsidium 1929 literarisch ein Denkmal gesetzt. Daran knüpft „Babylon Berlin" an, wo die Spuren und zentralen Handlungen immer wieder in das Berliner Polizeipräsidium führen. Die Innenszenen wurden allerdings im Schöneberger Rathaus gedreht, das eine imposante Eingangshalle besitzt und vor allem noch heute die →Paternosteraufzüge, die es auch im echten Polizeipräsidium gegeben hat. Von außen hat man sich im Film mittels Green Screen eng an den Originalbau gehalten: er befand sich am südlichen Ende des →Alexanderplatzes, parallel zur S-Bahn.

Das Polizeipräsidium, wie wir es in „Babylon Berlin" sehen, wurde 1886 bis 1889 von Hermann Blankenstein erbaut.[70] Es bestand aus rotem Backstein und wurde wegen der Farbe, aber auch wegen der Türme und seiner imposanten Gesamtgestalt von den Berlinern „rote Burg" genannt. Nur wenige Meter entfernt befindet sich das ähnlich aussehende „rote Rathaus", das leicht mit der „roten Burg" verwechselt werden konnte. In diesem Bau, das den Krieg so gut wie unbeschadet überstanden hat, wurden vor der roten Backsteinfassade, in den drei Höfen und den Torduchfahrten etliche Außenszenen von „Babylon Berlin" gedreht, die Innenszenen hingegen in einem Gebäudekomplex der Deutschen Bank in der Mauerstraße im Bezirk Mitte.

Viele Jahre war das Präsidium nach dem Berliner Schloss das zweitgrößte Gebäude der Stadt, es hatte neun Innenhöfe, eine Reitbahn für die Pferdestaffel und Wohnungen für höhere Beamte.[71] So residierte hier →Karl Zörgiebel, einer der mächtigsten Polizeipräsidenten, der es allerdings selbst mit dem Gesetz nicht so genau nahm.

Das Polizeipräsidium war nach den modernsten Grundsätzen errichtet worden mit dem Ziel, den →Alexanderplatz zu kontrollieren, der schon damals für seine Kriminalität und Verwahrlosung berüchtigt war. Daher war hier auch die Kriminalbehörde untergebracht, das städtische Zuchthaus (fast 500 Plätze) und verschiedene Spezialeinheiten, wie die Abteilung gegen sittliche Verbrechen, kurz „Sitte" (Inspektion E), in der Gereon Rath seine Karriere beginnt. Legendär war die Mordkommission (ab 1902) unter Leitung des genialen →Ernst Gennat, der wegen seines Aussehens und seiner Gelassenheit auch in brenzligen Situationen „Buddha" genannt wurde. Tatsächlich gab es unter Gennat auch Kriminalinspektorinnen, die zunächst nur für weibliche Kriminelle, vor allem Prostituierte, zuständig waren. Auf eine solche Stelle bewirbt sich Charlotte Ritter in der zweiten Folge.

Was wurde aus dem Polizeipräsidium? 1944 brannte der imposante Bau aus, 1945 tobte in und um das Gebäude die „Schlacht um Berlin". Lediglich äußerlich zerstört hätte man das Polizeipräsidium wieder aufbauen können, doch leider wurde dieser Ort der Berlin-Geschichte 1957 abgetragen und damit für immer zerstört. Viele Jahre befand sich hier ein wilder Parkplatz, die Berliner nannten den Ort „Mongolensteppe". Seit einigen Jahren wurde auf den Grundmauern des Polizeipräsidiums die ebenfalls rote Alexa-Passage errichtet, die bewusst an das Berlin der Zwanziger Jahre anknüpfen möchte.
AN

Der Seiteneingang des Roten Rathauses ist in „Babylon Berlin" der Haupteingang des Polizeipräsidiums.

Pornographie

Pornographie war das große Thema im Berlin der Zwanziger Jahre,[72] und „Babylon Berlin" ist ohne Pornographie kaum denkbar.[73] Schon in der ersten Folge gibt es eine Schlüsselszene, als ein „Photoatelier Johann König" von der polizeilichen Sittenabteilung ausgehoben wird. Gleich zwei pornographische Metiers lernen die Zuschauer kennen: zuerst wird der Dreh eines pornographischen Films gezeigt, mit einer historischen Kamera der 1920er Jahre. Die Aufrufe an die Schauspieler und Schauspielerinnen zum lauten Stöhnen suggeriert: hier wurde bereits ein Tonfilm gedreht – was 1929 eine echte Rarität war, denn es gab damals noch keinen Markt für diese Filme: öffentlich durften sie nicht gezeigt werden, privat konnte sich kaum jemand ein Abspielgerät leisten. Äußerst pikant ist die Handlung: Die heilige Maria wird vom Erzengeln Gabriel von hinten geschwängert, während sie dabei Josef oral verwöhnt – vor allem die Kirche fühlte sich von solchen Szenen verletzt und berief sich auf § 166 des Reichsstrafgesetzbuch des Deutschen Reichs (Gotteslästerung). Filmproduzent König (gespielt von Marc Hosemann) beruft sich ebenfalls auf das Gesetz, die Kunstfreiheit nach § 118: „Jeder Deutsche hat das Recht, innerhalb der Schranken der allgemeinen Gesetze seine Meinung durch Wort, Schrift, Druck, Bild oder in sonstiger Weise frei zu äußern".

Als Kunst getarnte Pornographie: Unbekleidete Frauen der Haller-Revue im Admiralspalast posieren 1926 öffentlich als „Quadriga".

Gleich darauf wird eine weitere pornographische Szene gezeigt: junge Männer sind als antike Jünglinge verkleidet, in Gewändern, die mehr zeigen als verhüllen. Das es sich hier um nach § 175 des deutschen Strafgesetzbuches verbotene homoerotische Szenen handelt, wird deutlich, wenn Bruno Wolter von „Schweinereien mit kleinen Jungs" spricht, die Krajewski, der hier als Zuhälter auftritt, ins Gefängnis bringen. Eine Haftstrafe war eine reale Gefahr, denn während der Weimarer Republik kam es zu zahlreichen Anzeigen, Prozessen und Verurteilungen wegen angeblicher oder tatsächlicher Prostitution oder wegen Verstoßes gegen die Sittlichkeit. Razzien gegen Fotografen, Filmagenten oder gegen die Darsteller und Darstellerinnen, wie sie die erste Folge zeigt, waren nichts Ungewöhnliches. Aber sie waren größtenteils erfolglos: der Bedarf vor allem an pornographischen Fotografien und Postkarten war ungebrochen, sogar Polizist Gereon Rath beteiligt sich daran, wenn er in Folge 2 seinem Apotheker, der wie Rath aus Köln nach Berlin gekommen ist, einige Nacktbilder zukommen lässt. KP

Prangertag

„Prangertag" ist eine aus der Mode gekommene Bezeichnung für Fronleichnam.[74] Auch dieser Tag ist heute erklärungsbedürftig: am Prangertag feiert die katholische Kirche die angenommene Gegenwart von Jesus Christi im Sakrament der Eucharistie. Man glaubt also, dass bei der Messe nicht nur die Gläubigen anwesend seien, sondern auch Jesus Christus. Der Begriff „Fronleichnam" hat mit Leichen gar nichts zu tun, sondern leitet sich von den Worten „vrône lîcham" ab, was etwa heisst „des Herren Leib". In manchen deutschen Regionen ist auch der Name Bluttag oder Prangertag überliefert. Nun haben in „Babylon Berlin" die Führer der → Schwarzen Reichswehr den Begriff „Prangertag" als Codewort für den Tag eines Attentats und Putsches gewählt. Der Grund ist, dass Attentat und Putsch an einem Donnerstag, dem 30. Mai 1929 stattfinden sollten – eben an Fronleichnam 1929. Der Begriff „Prangertag" fällt bereits in den ersten Folgen, was es damit aber auf sich hat, wird erst in Folge 14 näher erläutert, ohne aber auf den religiösen Hintergrund einzugehen. AN

Reichsadler

Als in der fünften Folge im Polizeipräsidium eine große Pressekonferenz gehalten wird (und später erneut in Folge 12 bei der „Pressekonferenz Reichswehr"), ist er auf dem Rednerpult deutlich zu sehen: der Reichsadler.

Der Adler war schon im Mittelalter das Wappentier des deutschen Kaisers. 1918/19 gab es eine lebhafte Diskussion um ein passendes Wappentier für die neue deutsche Demokratie. Es gab sogar einen parlamentarischen Vorschlag, auf ein Wappentier ganz zu verzichten und lediglich die Buchstaben „DR" im Wappen zu führen. Schließlich entschloss man sich, den alten Kaiseradler weiterhin zu verwenden, aber ohne Krone, ohne Zepter und ohne Ordenskette. So kann man es z.B. auf der Reichsmark, die selbstverständlich den neuen Adler zeigt, sehen. Wichtig ist dabei die Blickrichtung: Wenn der Adler (vom Betrachter aus gesehen) nach links blickt, handelt es sich um den Staatsadler, der dem Herrscher oder dem herrschenden System vorbehalten war. Nichtstaatlichen Organisationen, wie Parteien, Gewerkschaften oder Vereine durften den Adler auch nutzen, doch musste er dann (vom Betrachter aus gesehen) nach rechts blicken. Übrigens gibt es auch heute noch den Adler, jetzt unter der Bezeichnung Bundesadler.

In „Babylon Berlin" blickt der Reichsadler eindeutig nach rechts, obwohl das Polizeipräsidium eine staatliche Organisation war. Es gibt mehrere Erklärungen für diesen „Fehler" – mglw. haben Gegner, wohl die → Schwarze Reichswehr, den Adler absichtlich falsch angebracht, um den Polizeipräsidenten zu diskreditieren. AS

Links: staatliche Reichsmark von 1929; rechts: Logo der privatwirtschaftlichen I. P. Bemberg Aktiengesellschaft.

Rohrpost

Die Rohrpost war so etwas wie das What's App der Zwanziger Jahre. Sie war so beliebt, dass 1929 im „Resi" das erste Berliner Restaurant mit Rohrpost an jedem Tisch eingerichtet wurde. In wenigen Sekunden bis einigen Minuten konnten verschriftliche Nachrichten von einem Bezirk in einen anderen gebracht werden, was bei den damals schon überfüllten Straßen Stunden gedauert hätte. Das Prinzip war simpel und in der Theorie schon seit der Antike bekannt: Mittels Druckluft werden verschließbare, zylindrische Kaliber in Röhren von einem Ort zum anderen verschickt. Das konnte innerhalb eines Hauses sein, innerhalb einer Stadt oder als Fernrohrpost sogar zwischen Ländern. In die Kaliber konnten nicht nur Briefe versendet werden, sondern auch Geld oder kleinere Gegenstände.

Die Rohrpost-Zentrale des Ullstein-Verlags mit über 25 Ein- bzw. Ausgängen.

In Berlin gab es die erste Rohrpostverbindung seit 1865 zwischen Börse und Telegraphenamt.[75] Schnell wuchs das Röhrensystem auf mehrere hundert Kilometer an, zahlreiche öffentliche Rohrpostämter entstanden. Elektrische Weichen ließen bis zu vier Verteilungen zu. In manchen Straßen, wie der Leipziger Straße in Mitte oder der Potsdamer Straße in Schöneberg, lagen unter der Straße bald bis zu 15 verschiedene Rohrpost-Röhren. Hochgradig vernetzt war vor allem das Banken- und Zeitungsviertel, während die ärmeren Arbeiterquartiere kaum oder gar nicht an das System angeschlossen waren. Dabei gab es *die* Berliner Rohrpost eigentlich nicht, sondern es waren verschiedene Rohrpostanlagen, die unabhängig voneinander funktionierten. Große Firmen, Warenhäuser, Krankenhäuser und Behörden hatten ihre eigenen Anlagen, die Tag und

Nacht in Betrieb waren. So war es auch im Polizeipräsidium der Fall, wie in Staffel 11 kurz zu sehen. Hier war, wie bei älteren Bauten, die Rohrpost nicht nachträglich eingebaut worden, sondern ist Ende der 1880er Jahre zeitgleich mit dem Gebäude entstanden.

In Berlin haben dann die Bombenschäden des Zweiten Weltkriegs, die Rohrpost-Blockade 1949 und später der Mauerbau das Funktionieren der Rohrpost schwer beeinträchtigt.[76] Der öffentliche Betrieb wurde in West-Berlin 1963, in Ost-Berlin 1977 eingestellt, auch wegen mangelnder Wirtschaftlichkeit.[77] Einzelne Einrichtungen nutzen aber noch oder wieder die Rohrpost, wie etwa die Berliner Charité oder das Bundeskanzleramt.
CB

Schmeling, Max

Kurz wird zu Beginn der zweiten Staffel Max Schmeling erwähnt, als nämlich Polizist Wolter mit Moritz Rath einen Boxkampf nachspielt. 1905 geboren, wuchs Schmeling in Hamburg auf und machte eine Lehre zum Kaufmann. Zum aktiven Boxsport kam er erst 1923, als er im Rheinland arbeitete. Doch schon ein Jahr darauf wurde er Profiboxer und kam in den nächsten Jahren mehrfach nach New York, dem Zentrum des Boxsports. 1927 wurde er im Kampf gegen den Belgier Fernand Delarge (geb. 1903) Europameister – diesen historischen Boxkampf, der Schmeling in ganz Deutschland bekannt machte und seine Popularität begründete, spielen Wolter und Rath nach.[78] 1930 erschien sein Buch „Mein Leben – meine Kämpfe", im gleichen Jahr erschien bei der Berliner Terra Film AG der Spielfilm „Liebe im Ring".[79] Die großen Kämpfe von Schmeling sollten noch kommen: Im Juni 1930 wurde er gegen Jack Sharkey (1902-1994) Weltmeister im Schwergewicht, 1931 konnte er den Titel verteidigen. Von den Preisgeldern kaufte er 1933 günstig eine Villa in Bad Saarow, die zuvor einem Juden enteignet worden war. Nach weiteren siegreichen Kämpfen in Deutschland kam es 1936 zum Kampf gegen Joe Louis (1914-1981). Der Kampf fand in New York statt, Louis galt als unschlagbar, er hatte den Kampfnamen „the Bomber".[80] Schmelings spektakulärer Sieg konnte dann von den Nationalsozialisten instrumentalisiert werden, die diesen Kampf als Showdown der weißen gegen die schwarze Rasse sahen, als Kampf zwischen Arier und, wie die Presse schrieb, „Untermensch", als Kampf zwischen alter und neuer Welt. Den Rückkampf 1938 verlor Schmeling, der daraufhin nicht wieder in den USA boxte. Er wurde Soldat im Zweiten Weltkrieg, versuchte 1948 ein Comeback, bis er die letzten Berufsjahre als Handelsvertreter für Coca-Cola arbeitete. Noch zu Lebzeiten erinnert die Max-Schmeling-Halle in Berlin an den Boxer, der 2005 verstarb.   DA

Ein Deutscher boxt sich durch: Max Schmeling im Jahr 1929.

Schwarze Reichswehr

Auf dem Familiensitz der Familie → Nyssen/Thyssen findet in Folge 6 ein nächtliches und illegales Manöver der Schwarzen Reichswehr statt. Das Manöver und das dazugehörige Treffen der beteiligten Befehlsinhaber wurde nicht in der Villa Thyssen in Uhlenhorst, sondern auf Schloss Drachenburg, beide in Nordrhein-Westfalen gelegen, gedreht. Die Drachenburg war damals tatsächlich in Besitz einer Unternehmerfamilie, allerdings nicht Thyssen, sondern Flohr aus Köln.

Die Schwarze Reichswehr, deren Umtriebe man bereits in der ersten Folge kennen lernen durfte, spielt im weiteren Verlauf der beiden ersten Staffeln eine immer größere Rolle. Um was handelt es sich dabei? *Die* Schwarze Reichswehr hat es nicht gegeben, sondern es ist ein Sammelbegriff unterschiedlicher paramilitärischer Verbände neben der offiziellen Reichswehr. Solche Verbände entstanden nach dem Versailler Vertrag in ganz Deutschland, wie dem „Bund Reichsflagge", der „Brigade Ehrhardt", des „Freikorps Oberland" und verschiedenen lokalen Einwohnerwehren sowie kleineren Freikorps oder Freiwilligenkorps des Grenz- und Landesschutz'.[81] Einig waren sich

diese Gruppen in der Ablehnung des Versailler Vertrags und der Demokratie. Welche alternative Vertragsbeziehungen und Herrschaftsform Deutschlands Zukunft bestimmen sollten, darüber herrschte Uneinigkeit. Manche wollten eine Militärdiktatur, andere einen Ständestaat, und sogar die Wiedereinführung der Monarchie stand auf der Agenda – viele der Beteiligten hatten aber überhaupt keine konkreten Zukunftsvorstellungen, sondern interessierten sich für national-konservatives Kameraden- und Soldatentum. Vor allem militärische Übungen und ganze Manöver wurden durchgeführt, um sich auf einen zukünftigen Krieg oder Staatsstreich vorzubereiten. Unter den Teilnehmern waren viele ehemalige Frontsoldaten des Ersten Weltkriegs, auch Persönlichkeiten wie der Jurist Heinrich Ernst Schönfelder (1902-1944), der spätere CDU-Politiker Hermann Ehlers (1904-1954) oder der SA-Chef Ernst Röhm (1887-1934).[82]

AN

*E*hrenabzeichen der „Wehr Essen", die 1923 bis 1925 daran beteiligt war, das Ruhrgebiet gegen die Französische Besatzung aufzubringen.

Sklarek-Skandal

In Folge 11 überprüfen Charlotte Rath und ihre Kollegin Doris Textilrechnungen und werden somit auf die Gebrüder Sklarek aufmerksam. Die Firma Sklarek belieferte seit dem Ersten Weltkrieg die Stadt Berlin mit Bekleidung. Sie sicherten ihren Einfluss nicht zuletzt durch großzügige Parteispenden an linke wie rechte Organisationen.[83] Die Sklarek-Brüder hatten einen jüdisch-russischen Hintergrund und wurden deswegen in der nationalkonservativen Presse oft angegriffen.[84] Sie missbrauchten ihr Monopol auf Kleidungslieferung, indem Rechnungen mehrfach eingereicht und gefälscht wurden. Es entstand ein Millionenschaden, der in seiner genauen Höhe nicht exakt bestimmt werden konnte. Die drei Brüder Max, Leo und Willi Sklarek wurden am 26. September 1929 verhaftet, es kam zur Einsetzung eines parlamentarischen Untersuchungsausschusses mit einem der größten Prozesse der Weimarer Republik. Mit einem Kleidungsstück war auch die Frau des Bürgermeisters →Gustav Böß betroffen, der deswegen schließlich zurücktreten musste. DA

Neue schwere Angriffe gegen Böß

Weshalb schleppt die Sklarek-Untersuchung?

Der rote Korruptionssumpf in Berlin

Anfang der Reinigung: Oberbürgermeister Böß tritt zurück

Die Sklareks kommen noch heute vor den Untersuchungs-Richter

Weitere Folgen der Sklarek-Affäre

Gäbel legt seine Aemter nieder

Sowjetische Botschaft

In der Mauerstraße befand sich einst das Hauptgebäude der Deutschen Bank.[85] Bankgebäude waren Prachtbauten sondergleichen, die von Marmor und Gold nur so strotzten. Der sogenannte „Block II" des ehemaligen Deutsche-Bank-Komplexes an der

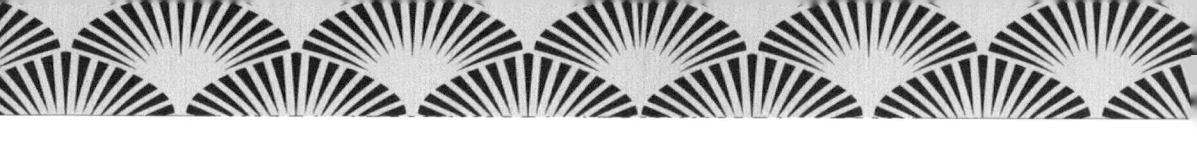

Mauerstraße 25-28 in Berlin-Mitte wurde 1908 nach einem Entwurf von Wilhelm Jacob Martens (1842-1910), einem Spezialisten für Bankengebäude, entworfen.[86] Bereits 1914 baute die Deutsche Bank das Innere um, beließ die Fassade aber so, wie man sie mehrfach im Film sieht. Dort ist es aber keine Bank, sondern die Sowjetische Botschaft, was auch an dem Stalinbild deutlich wird, das weltweit jede sowjetische Botschaft nach einem Erlass aus dem Jahr 1928 aufzuhängen hatte. AN

Die klobige Gestaltung und die Steinmetzarbeiten der Supraporte wecken den Eindruck eines Baus aus der Zeit Stalins.

Staaken, Flugplatz

Viele kennen den Flughafen Tegel und den Flughafen Tempelhof, vielleicht noch den Flughafen Gatow oder Berlin-Johannisthal, doch es gab in Berlin noch einen weiteren Flughafen: in Staaken bei Spandau. Dieser hat eine weit zurückreichende Geschichte: 1915 gab es hier zunächst einen Werftplatz der Zeppelinwerke, zu dessen Bau russische Kriegsgefangene herangezogen wurden.[87] Nach 1918 wurde der Flugplatz Staaken vornehmlich von der Reichswehr als heimlicher Militärflugplatz genutzt, für Testflüge, Flugschulungen und Simulationen. 1922 zog die Deutsche Luft-Reederei nach Staaken, der Vorgänger der späteren Lufthansa. Drei Jahre darauf wurde am Flugplatz Staaken die Deutsche Verkehrsfliegerschule gegründet und durch die Reichswehr finanziert.[88] Hier wurden nun Piloten militärisch ausgebildet, was laut Versailler Vertrag dem Deutschen Reich verboten war. 1929, als in „Babylon Berlin" Gereon Rath von dem Flugplatz in Richtung Sowjetunion nach →Lipezk aufbricht, war das Flugplatzgelände gerade an die Stadt Berlin verkauft worden, die es für ähnliche

Zwecke wie im Film nutzte. Später schrieb der Flugplatz noch einmal Geschichte, als im März 1935 Adolf Hitler die über zehn Jahre im Verborgenen aufgebaute Luftwaffe feierlich der Öffentlichkeit präsentierte und der Flugplatz nun ausschließlich militärischen Zwecken zugewiesen wurde.[89] CB

*F*lug- und Luftschiffhafen Berlin-Staaken, Hangar (rechts oben, dort startet Gereon Rath) und Montagehallen, aufgenommen im Jahre 1929.

Stettiner Bahnhof

In Folge 15 werden Pöbeleien und ein Anschlag der SA gezeigt, bei dem Greta Overbeck ihren totgeglaubten Freund wieder trifft. Die Szenen spielen im Stettiner Bahnhof, der sich einst dort befand, wo heute der S-Bahn-Haltepunkt Nordbahnhof im Bezirk Mitte ist. Von hier aus ging es einst nicht nur nach Stettin, sondern auch nach Köslin, nach Rügen und Usedom. 1929 befand sich an diesem Ort noch ein gewaltiger Bahnhofsbau, ähnlich wie der Anhalter Bahnhof. Geschaffen hatte ihn der Ingenieur Theodor August Stein bis 1876. Schon 1903 wurde die gewaltige Haupthalle, ein Meisterwerk der Ingenieursbaukunst, um drei weitere Hallen für den Fernverkehr erweitert, Zugverbindungen gab es nun bis nach Danzig und Königsberg.[90] 1914 gelangte man von hier nach Stettin in weniger als zwei Stunden, für damals eine Rekordreisezeit. Mit Spezialzügen konnte man direkt nach Gedser und Kopenhagen gelangen, wobei die Waggons ohne Unterbrechung in Schiffe ein- und in Dänemark weiterfuhren. 1944/45 wurde der Bahnhof, wie die anderen Bahnhöfe der Reichshauptstadt, stark beschädigt, war aber bald wieder in Betrieb und hätte sicher wieder aufgebaut werden können. 1950 ändere die DDR den Namen aus ideologischen Gründen in „Nordbahnhof", und bis 1962 wurde der gesamte Bahnhof dem Erdboden gleichgemacht. CB

Das ist vom Stettiner Bahnhof übrig geblieben: Gleise mit den Namen von Städten, in die man einst von hier fahren konnte, wie Kolberg in Pommern.

St.-Martins-Kirche in Kaulsdorf

Der Kirchenraum im Stil der Neuen Sachlichkeit hat kaum verändert die Jahrzehnte überdauert – für den Film wurde allein der Altar durch ein Rednerpult für → Alfred Nyssen/Fritz Thyssen bzw. für Helga Rath ersetzt. Die markanten Rundlampen sind auch im Film zu sehen, stammen jedoch nicht aus den 1920er Jahren.

1929 war die katholische Kirche St. Martin in Kaulsdorf der modernste Kirchenbau, den man in Berlin besuchen konnte. In „Babylon Berlin" ist es der Versammlungsort der Aktiengesellschaft von → Alfred Nyssen/Fritz Thyssen, die sich in dem Gottesbau feiern lässt. Tatsächlich war die Verbindung zwischen Kirche, Wirtschaft, Militär und Politik in der Kaiserzeit und Weimarer Republik viel enger als in der heutigen Zeit, was in Folge 15 thematisiert wird. Während der längeren Szene sieht man im Hintergrund immer wieder Einzelheiten der Kirche. Sie ist im Stil der Neuen Sachlichkeit von den Architekten Josef Bachem und Heinrich Horvatin 1928 bis 1930 gebaut worden, als Backsteinbau am östlichen Stadtrand.[91] In „Babylon Berlin" werden ausschließlich Innenaufnahmen gezeigt: es handelt sich um einen dreischiffigen Bau mit Flachdach; gut zu sehen ist im Film der Altarbereich mit einem Kachelmosaik des Künstlers Charles Crodel (1894-1973), der in Berlin an zahlreichen Kirchen mitwirkte. Von ihm sind auch die runden Seitenfenster entworfen, zwischen denen Sandsteinreliefs mit Kreuzigungsszenen gesetzt sind. In dem Bau fanden auch mittelalterliche Werke eine neue Heimat: Der Tabernakel etwa ist eine Arbeit aus Italien aus dem 15. Jahrhundert.

KP

Stresemann, Gustav

> *S*tresemann am Ende seines Lebens, bereits vom Tod gezeichnet.

Folge 11 zeigt den bislang ranghöchsten Politiker der Weimarer Republik: Gustav Stresemann, schwerkrank im Jahr seines Todes. Er wird gerade vor Anschlägen gewarnt. Tatsächlich gab es gegen Politiker der Weimarer Republik verschiedentlich Attentatspläne und auch ausgeführte Attentate.[92] Stresemann galt vielen als frankophil, anderen als russophob und war Friedensnobelpreisträger – aus diesen Gründen war er besonders gefährdet, hinzu kam sein Freimaurertum und die jüdische Herkunft seiner Ehefrau.[93]

Gustav Stresemann (1878-1929) war ein sozialer Aufsteiger. Der Sohn eines Berliner Kneipenwirts konnte in Wirtschaftswissenschaften studieren und promovieren. Noch in der Kaiserzeit war er für die Nationalliberale Partei aktiv, später für die Deutsche Volkspartei. 1923 war er ein Jahr Reichskanzler und bis zu seinem Tod Reichsaußenminister in verschiedenen Kabinetten. Seit 1925, als er die Verträge von Locarno abschloss, begleitete ihn ein Geheimpolizist wegen drohender Attentate.[94] Er starb jedoch eines Todes ohne Fremdeinwirkung: eine chronischen Stoffwechselkrankheit hatte Nieren und Herz geschwächt,[95] ein hinzukommender Schlaganfall führte zum Tod am 3. Oktober 1929.   DA

Sucht

Das Thema Sucht zieht sich durch die gesamte Serie: Franz Krajewski ist heroinabhängig, Erich Ritter ist offen alkoholkrank, Emma Wolter trinkt heimlich, Gereon Rath ist morphiumsüchtig, usw. Von Zigarren und Zigaretten, Bier, Wein und Schnaps braucht man erst gar nicht reden: wirklich fast jede Hauptfigur raucht und trinkt in einer der Folgen. Auch Helga Rath beginnt, sobald sie in Berlin lebt, mit dem Rauchen (Folge 12).

Tatsächlich waren die Jahre der Weimarer Republik von Suchtformen aller Art geprägt, aus drei Gründen: 1. die Zeiten waren hart, 2. Drogen waren legal und leicht zu bekommen sowie 3. gab es kein klares Bewusstsein um die Folgen bzw. schädlichen Wirkungen.

Berlin darf als ein Zentrum der Süchte gelten, heute wie in den Zwanziger Jahren, und nicht allein der Vergnügungssucht. Damals gab es an fast jeder Ecke Kneipen und Bars, in denen sich heute nicht selten Kindergärten befinden, was ja eine Entwicklung zum Besseren sein könnte. Weit verbreitet waren in Berlin damals Barbiturate, mit der man vor allem die „Nervosität", ein Leiden jener Jahre, lindern wollte. Auch als Schlaf- und Beruhigungsmittel wurden Barbiturate verwendet – darauf griffen gerne die →„Flattermänner" zurück, denen man keine Heilung ihrer Leiden bieten konnte.[96]

Im Film werden sie von Oberkommissar Wolter, der selbst hochgradig nikotinsüchtig ist, eingangs als „kaputte Maschinen" bezeichnet (bezogen auf Krajewski). Gereon Rath nimmt diese Phrase auf und möchte wenige Folgen später beweisen, dass einige dieser kaputten Maschinen doch noch funktionieren würden (und meint sich damit natürlich selber). KP

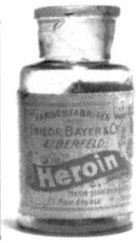

Als das Chemieunternehmen Bayer noch Heroin herstellte: Fläschchen mit fünf Gramm Heroin, 1920er Jahre.

Syphilis

Berlin war Hauptstadt der Prostitution, Berlin war auch Hauptstadt der Syphilis. Schon in der dritten Folge geht es Mutter Minna Ritter schlecht, und sie macht, was damals viele machten, die sich keinen Arzt leisten konnten: sie ließ sich mit Franzbranntwein einreiben. Es war erfolglos, in der vierten und neunten Folge vollzieht sich das Schicksal von Mutter Minna Ritter: Syphilis.

Schon der Dichter E.T.A. Hoffmann war 1822 in Berlin an dieser tückischen Krankheit verstorben. 1852 erschien das Gutachten „Die Berliner Syphilisfrage" des Armenarztes Salomon Neumann, der angibt, dass damals bis zu zehn Prozent der Berliner Bevölkerung an der Seuche verstarb, die man als Franzosenkrankheit oder Harter Schanker bezeichnete. In den 1920er Jahren dürfte die Zahl der Erkrankten niedriger gewesen sein, die hygienische Situation hatte sich verbessert, es gab verschiedene Verhütungsmittel und die Gesundheitsämter kämpften durch Vorträge, Aufklärungsfilme und Plakataktionen gegen die Seuche.[97] Dennoch blieb Syphilis eine häufige, schmerzhafte und grausame Todesursache. Sie war nicht heilbar, Morphium wurde zur Schmerzlinderung eingesetzt, Quecksilberbehandlungen und andere obskure Mittel aller Art sollten das Leben verlängern. Die meisten Berliner, vor allem

Arbeitslose, Rentner oder Jugendliche, konnten sich die teuren Behandlungen nicht leisten, und so blieb es beim Franzbranntwein. Hinzu kam die gesellschaftliche Ausgrenzung: wer an der Lustseuche, wie man sie auch nannte, erkrankte, dem wurde pauschal Prostitution unterstellt. Erst durch die Entdeckung von Antibiotika, wie etwa Penicillin, ist Syphilis seit den 1940er Jahren heilbar.[98]   KP

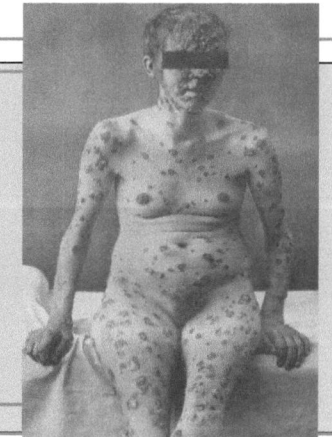

Dr. Erich Hoffmann warnte vor allem in Berlin über die „Deutsche Gesellschaft zur Bekämpfung der Geschlechtskrankheiten" vor der Syphilis. Bei seinen Vorträgen schreckte er vor drastischem Bildmaterial nicht zurück und versprach sich abschreckende Wirkung (1926).

Tauroggen

So sah er in Wirklichkeit aus, der Güter- und Fernbahnhof von Tauroggen.

Zu Beginn der Serie hält ein geheimnisvoller Eisenbahnzug an einem eingleisigen Grenzbahnhof in Tauroggen. Dieser Bahnhof gehört zu der kleinen Stadt Tauroggen im Südwesten Litauens, sie hat heute knapp 30.000 Einwohner. Der Ort markierte tatsächlich einmal eine deutsche

Grenze, als er bis 1793 zu Preußen gehörte.[99] 1929 allerdings gehörte Tauroggen längst zur Unabhängigen Republik Litauen, hatte aber weiterhin eine deutschsprachige Mehrheit. In der ersten Folge wird der Bahnhof als kleine Hütte auf freiem Feld gezeigt. Tatsächlich war der Bahnhof jedoch viel größer, er steht noch heute an der Bahnstrecke, die Pogegen mit Schaulen, zwei weitere Städte in Litauen, verbindet. Diese Bahnlinie war einst eine Lebensader zwischen Berlin und Moskau. Entworfen wurde der Bahnhof vom Ingenieur F. A. Frykas. 1996 wurde der Personenverkehr eingestellt, aber Frachtzüge passieren Tauroggen heute noch immer.

Doch es gibt noch eine weitere Beziehung zwischen Tauroggen und Berlin: 1812 kam es zur „Konvention von Tauroggen" – ein Waffenstillstandsabkommen zwischen Preußen und dem Zarenreich, um den sich zahlreiche Legenden ranken.[100] Hundert Jahre später erinnerte man in Berlin feierlich an diesen Vertrag, indem man eine Straße in der Nähe des Schlosses Charlottenburg nach Tauroggen benannte, in der es in den Goldenen Zwanzigern ein beliebtes Kino (1944 zerstört) gegeben hat.   CB

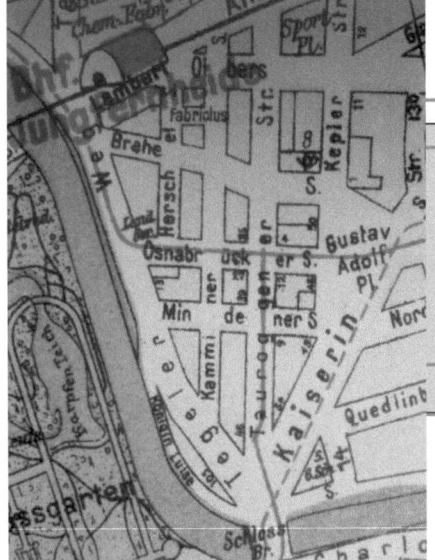

Die Tauroggener Straße auf dem Pharus-Stadtplan von 1929, oben der Bahnhof Jungfernheide.

Theater am Schiffbauer Damm

Das Theater am Schiffbauer Damm gehört zu den großen Bühnen Deutschlands, auf der Theatergeschichte geschrieben wurde. Es befindet sich im Bezirk Mitte, in unmittelbarer Nähe der Friedrichstraße und der Spree. Der Prachtbau des Architekten Heinrich Seeling (1852-1932) gilt sogar als eines der schönsten Theater Deutschlands.

Verantwortlich waren vor allem Dekorationen und Plastiken des Bildhauers Ernst Westphal (1851-1926). Sein Zuschauerraum aus dem Jahr 1892 hat relativ unbeschadet den Zweiten Weltkrieg überstanden, während man an der Außenfassade in den 1950er Jahren seine Kunstwerke abschlug und das Theater seitdem als unfertiger Rohbau kaum mehr etwas von seiner einstigen Schönheit vermittelt.

In diesem Haus wurden Gerhart Hauptmanns „Die Weber" uraufgeführt, unter der Direktion von Max Reinhardt (1873-1943) spielte das Haus europäische Klassiker, darunter den Sommernachtstraum.[101] Einer seiner Nachfolger, der Theaterdirektor Ernst Josef Aufricht (1898-1971) inszenierte am 31. August 1928 die Welturaufführung der Dreigroschenoper von Kurt Weill und Bertolt Brecht, der später an diesem Ort das „Berliner Ensemble" gründen sollte. Nach großem Erfolg folgte eine weitere Uraufführung: „Giftgas über Berlin". Das militärkritische Stück von Peter Martin Lampel war einer der größten Theaterskandale jener Jahre, nach nur einer Aufführung wurde es von der Zensur verboten.[102] Das satirische Stück hatte, neben der Frage nach der Verantwortung für wissenschaftliche Erfindungen, Putschpläne der Reichswehr zum Thema, was in „Babylon Berlin" innerhalb der zweiten Staffel Hauptthema ist. Erst als man in dem denkmalgeschützten Bau die 14. Folge zu Drehen begann, entstand die Idee, den Attentäter im gewaltigen Leuchter des Zuschauerraums zu verstecken.   AS

*D*er tonnenschwere und begehbare Kronleuchter, von dem aus ein fiktives Attentat begangen werden soll, ist Teil der Erstausstattung von 1892.

Thyssen, Fritz

*F*ritz Thyssen im Jahr 1928.

Fritz Thyssen wurde 1873 in Mülheim an der Ruhr geboren.[103] Er war der Sohn eines der mächtigsten Industriellen des Ruhrgebiets und wurde 1926 Erbe eines Stahlkonzerns. Bekannt wurde er weniger durch unternehmerische Leistungen, sondern wegen seiner politischen Ambitionen: zunächst engagierte er sich bei der kaisertreuen DNVP, gleichzeitig förderte er seit 1923 die NSDAP. Während Tausende von sozialdemokratischen Arbeitern in den Zechen ein Vermögen erarbeiteten, spendete es ihr Chef großzügig an verschiedenste konservative und nationale Parteien und Splittergruppen: Allein zwischen 1923 und 1932 waren es 650.000 Reichsmark – ein Großteil des Firmenvermögens. Nachdem Fritz Thyssen Hitler persönlich kennen lernte wurde er zu seinem glühenden Anhänger;[104] er trat 1933 in die NSDAP ein und saß für diese im Reichstag. Durch seine Verbindungen, sein Geld und sein politisches Talent ist er, neben Friedrich Flick, Günther Quandt, Gustav und Alfried Krupp, der Hauptverantwortliche für das gewaltige Rüstungsprogramm, welches den Zweiten Weltkrieg erst ermöglichte. Als jedoch persönliche Freunde von ihm verfolgt wurden, brach Thyssen mit dem Nationalsozialismus.[105] Den Krieg, den er viele Jahre vorbereitete, lehnte er jetzt ab. Er flüchtete, wurde 1940 in Frankreich verhaftet und in einem Konzentrationslager inhaftiert, überlebte aber und verstarb frustriert 1951 in Argentinien.

In „Babylon Berlin" ist die Figur Alfred Nyssen an Thyssen angelehnt. Nyssen/Thyssen unterstützt die →Schwarze Reichswehr, setzt sich mit Aktionären auseinander, sorgt sich um legale wie auch illegale Rohstofflieferungen – ist jedoch kein Antisemit.   DA

*F*ritz Thyssen war ein widersprüchlicher Charakter: erst schrieb er „I paid Hitler", dann sorgte er dafür, dass nie eine deutsche Übersetzung erscheinen konnte.

Trotzkisten

*L*eo Trotzki im Jahr 1928.

In der Weimarer Republik gab es zahlreiche linksradikale Gruppierungen: Syndikalisten, U-SPDler, Gewerkschaftler, Anarchisten, Spartakisten, Marxisten, Stalinisten, Leninisten, Trotzkisten, usw. In „Babylon Berlin" werden allein die Trotzkisten näher vorgestellt. Solche Trotzkisten gab es in vielen europäischen

Städten der 1920er Jahre. In Berlin waren sie präsent, weil die Reichshauptstadt mit Moskau in enger Verbindung stand und weil es in Berlin Hunderttausende emigrierte Russen gab, vor allem solche, die mit der Politik der UdSSR nicht einverstanden waren. Als Leo Trotzki 1929 beim Deutschen Konsulat im damaligen Konstantinopel eine Einreise- und Aufenthaltserlaubnis beantragt hatte, sah es für kurze Zeit so aus, dass er erst in Wiesbaden eine Kur machen sollte und anschließend Berlin zu seinem dauerhaften Exil aussuche sollte.[106]

Trotzki hieß in Wirklichkeit Lew Dawidowitsch Bronstein, wurde 1879 im Zarenreich geboren und war berufsmäßig revolutionärer Kämpfer und Mitstreiter von Lenin. Sein gnadenloses Vorgehen und seine Exekutionskommandos führten zum Sieg der Bolschewiki. Anschließend marschierte er in Polen ein, das jedoch durch das „Wunder an der Weichsel" gerettet wurde. Daraufhin wurde 1921 der Aufstand der Kronstädter Matrosen durch Massenerschießungen niedergeschlagen, in der Ukraine fanden Tausende von Bauern durch Trotzkis Anordnungen den Tod.

Als Lenin 1924 verstarb wurde Trotzki von Stalin entmachtet und musste Russland verlassen. 1929 befand er sich im türkischen Exil auf der Insel Büyükada. Von dort wurde er auch von Berliner Anhängern finanziell unterstützt, allerdings nicht mit einer Goldlieferung. Anführer der Berliner Trotzkisten waren Anton Grylewicz (1885-1971) und Oskar Hippe (1900-1990), beides deutsche Metallarbeiter. In „Babylon Berlin" ist Alexej Kardakow der Anführer der Trotzkisten, authentisch gespielt von dem Russen Ivan Shvedoff. Wie im Film gezeigt waren Trotzkisten hauptsächlich damit beschäftigt, bei verschiedenen Gelegenheiten zu demonstrieren sowie Flugblätter und Broschüren zu drucken. In „Babylon Berlin" ist diese illegale Druckpresse in Köpenick zu finden, wo man sich mit Stalinplakaten tarnte. Tatsächlich befand sich eine (allerdings legale) Druckerei in Friedrichshagen, einem Ortsteil von Köpenick. In Berlin wurden die meisten Texte Trotzkis in deutscher Sprache gedruckt: „Wohin treibt England?", „Kapitalismus oder Sozialismus?", „Mein Leben. Versuch einer Autobiographie" oder „Die Stalinsche Schule der Fälschungen" waren nur die bekanntesten.

Ziel dieser Schriften war nicht etwa ein demokratisches Gemeinwesen, sondern eine gewaltsame Revolution mit anschließender Diktatur des Proletariats.[107] Vielen Kriti-

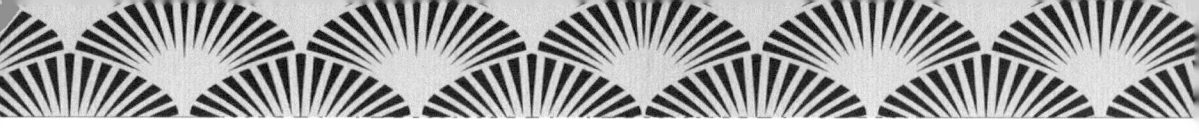

kern Stalins galt Trotzki als Garant einer besseren Sowjetunion. Trotzki war aber alles andere als ein pazifistischer Menschenfreund; wäre er an die Macht gekommen, wäre lediglich ein blutiger Diktator durch einen anderen ausgetauscht worden. Das sollte eine IV. Internationale bewerkstelligen, auf die die Trotzkisten hinarbeiteten.[108] Dazu ist es jedoch nicht gekommen: Stalins Agenten töten weltweit Trotzkisten, und auch im Film werden Mitglieder der „rote Festung" genannten Gruppierung umgebracht. Trauriger Höhepunkt von Stalins verordneten Morden: die Erschlagung Trotzkis im August 1940. Zu seinem Leichenzug kamen 300.000 Menschen, was zeigt, wie groß sein Anhang gewesen ist. AN

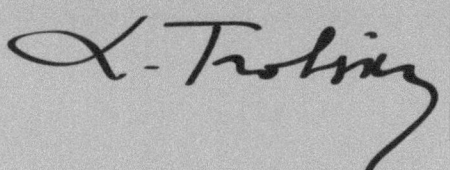

*E*igenhändige Unterschrift Trotzkis.

Untersuchungsgefängnis Moabit

Das Untersuchungsgefängnis Moabit ist heute die Justizvollzugsanstalt Moabit. An diesem Ort planen in „Babylon Berlin" führende Köpfe der → Schwarzen Reichswehr den „Prangerstag", also den Sturz der Demokratie und die Wiedereinführung der Monarchie (Folge 13). Neben den Plänen, die hier ausgearbeitet werden, zeigt die Szene auch, wie geradezu fürstlich rechte Demokratiegegner behandelt wurden: man sitzt bei gutem Wein und Tabak im Freien, es könnte ein Erholungssanatorium sein. Die wenigsten Untersuchungshäftlinge dürften an diesem Ort so ihre Zeit verbracht haben. Die imposante Gefängnisanlage wurde zwischen 1877 und 1881 von Oberbaudirektor Heinrich Herrmann errichtet, damals noch nicht in der Innenstadt, sondern weit vor den Toren Berlins.[109] Wie üblich und im Film zu sehen, handelte es sich um einen unverputzten Backsteinbau. Mit dem Gebäude verbunden ist das Kriminalgericht Moabit, so dass man Gefangene ohne Transport in den Gerichtssaal bringen konnte.[110] Der Bau wurde mehrfach erweitert, umgebaut, dann im Zweiten Weltkrieg stark zerstört und verändert wiederaufgebaut, so dass es unmöglich ist, anzugeben, an welchem Ort die konspirative Zusammenkunft hätte stattfinden können.   CB

Der Spazierhof des Untersuchungsgefängnisses Moabit, um 1930.

Volksbad Wedding

Zu Beginn der zweiten Staffel gewinnt man einen detailreichen Einblick in die Hygiene der damaligen Zeit. Charlotte Ritter und Greta Overbeck besuchen eines der Volksbäder, die es in jedem Berliner Bezirk gab. Nach dem Eintritt wurden Handtücher ausgeteilt; vor dem Betreten der Schwimmhalle mussten sie sich aus hygienischen Gründen erst in einer Badewanne säubern. Später schwammen sie in der „kleinen Halle", die Frauen vorbehalten war.

Nach dem verlorenen Krieg kam eine ganze Sauberkeitswelle über Deutschland: Es wurden Hygieneausstellungen organisiert, Neubauten bekamen jetzt Bäder und man errichtete fast schon luxuriös erscheinende Stadtbäder. Ein solches befand sich einst in der Gerichtsstraße im Bezirk Wedding, in einer ärmlichen Gegend, in der die wenigsten →Mietskasernen Bäder besaßen. Sonntags ging man also morgens zur Kirche, nachmittags ins Volksbad und abends in die Kneipe. Das Volksbad Wedding[111] stammt noch aus der Kaiserzeit: nach Plänen des Architekten Ludwig Hoffmann wurde es 1907 errichtet. Schon einmal, 1956, wurde hier ein Film gedreht, das Bad diente als Kulisse im Film „Die Halbstarken". Da aber Teile des Bades im Zweiten Weltkrieg beschädigt worden waren und es, überraschend, im Oktober 2016 abgerissen wurde, musste ein neues Bad gefunden werden, welches dem Volksbad Wedding ähnlich ist. Dies ist das Volksbad Steglitz, ein Bau von 1908, welches in einer ähnlichen Architektur mit vergleichbarem Grundriss errichtet wurde – und das zur Zeit, als der Dreh erfolgte, gerade leer stand. CB

*E*instige Pracht im Wedding: das Volksbad, hier im Jahre 1927, kurz nach der Renovierung.

Weiß, Bernhard/Benda, August

Bereits in der ersten Folge hat Regierungsrat August Benda einen kurzen Auftritt; in den weiteren Folgen entwickelt er sich zu einer der Hauptpersonen. Auch hier handelt es sich um eine historische Person, allerdings mit anderem Namen: Bernhard Weiß (1880-1951). Er war der Sohn eines jüdischen Getreidegroßhändlers, studierte Jura, promovierte und leistete den Militärdienst. Im Ersten Weltkrieg wurde er mit dem Eisernen Kreuz erster Klasse ausgezeichnet.[112] Nach dem Krieg ging er nach Berlin, wurde 1925 Chef der Kriminalpolizei und 1927 Polizeivizepräsident. In „Babylon Berlin" wird er dagegen stets als Regierungsrat bezeichnet.

Benda/Weiß dient im Film vor allem dazu, das Leben eines wohlhabenden Bürgers im Gegensatz zu den Arbeiterfamilien darzustellen. So ist Benda (wie übrigens auch Weiß) ein kultivierter Kunstliebhaber, er bewohnt eine Villa im Grunewald und hat selbstverständlich ein Hausmädchen. Im Film ist dieses Hausmädchen (Greta Overbeck) für ihn und seine Familie verhängnisvoll, da er durch ihre Mittäterschaft bei einem Bombenanschlag ums Leben kommt. Auch auf den historischen Weiß wurden Attentate ausgeübt, die er jedoch überlebte. Bernhard Weiß, Mitglied der DDP, war überzeugter Demokrat und verfolgte konsequent rechte Gesetzesbrecher, vor allem die Mörder von Walter Rathenau.[113] Dies und seine jüdische Herkunft machten ihn zu einem Feind der Nationalsozialisten, der Berliner Gauleiter Joseph Goebbels nannte ihn verächtlich „Isidor Weiß" und seine Amtsbezeichnung kurz „ViPoPrä" (für Vizepolizeipräsident).[114] Weiß seinerseits versuchte Goebbels durch eine Prozesslawine zu zermürben. Nach der Machtergreifung der Nationalsozialisten wurde seine Villa geplündert und ein Kopfgeld auf ihn ausgesetzt. Weiß lebte im Untergrund, floh nach Prag, schließlich nach London, wo er 1951 an Krebs verstarb.   DA

Bernhard Weiß, Aufnahme aus dem Jahr 1930.

Weltbühne

Der (fiktive) österreichische Intellektuelle Samuel Katelbach ist einer der unzähligen Journalisten Berlins. Wie viele seiner Kollegen hat er keinen festen Arbeitgeber, sondern schreibt – unter schwierigen Bedingungen – für verschiedene Tageszeitungen und Journale. So auch für die Weltbühne, dem vielleicht wichtigsten publizistischen

Organ der radikaldemokratischen bürgerlichen Linken in der Weimarer Republik.

Unter dem Namen „Weltbühne" erscheint das Blatt in Berlin seit 1918. Seit 1927 wird es von dem Pazifisten Carl von Ossietzky (1889-1938) geleitet. Bekannte Persönlichkeiten veröffentlichten hier, wie Lion Feuchtwanger, Erich Mühsam, Else Lasker-Schüler, Erich Kästner, Robert Walser oder Arnold Zweig.[115] Immer wieder wurden in dem Blatt auch Aktionen der →Schwarzen Reichswehr angeprangert, so gab es Berichte über die heimliche Aufrüstung der Reichswehr, die 1931 zum sogenannten Weltbühne-Prozess führten.[116] Besonders hervor tat sich der Journalist Walter Kreiser (1898-1958), eines der Vorbilder für die Figur Katelbach. Kreisler fasste seine Recherchen unter dem Pseudonym „Heinz Jäger" in dem kritischen Beitrag „Windiges aus der deutschen Luftfahrt" zusammen, was großes Aufsehen erregte. In dem Manuskript soll sogar davon berichtet worden sein, dass sich Teile der Luftwaffe zeitweise in der Sowjetunion aufhielten und dort für einen kommenden Krieg trainierten. Dass Katelbach alias Kreisler diesen Text verfasst haben soll, macht Folge 13 deutlich: man sieht kurz einen Text mit der Überschrift „Die Schattenarmee des Deutschen Reiches" – und dieser Text ist identisch mit „Windiges aus der deutschen Luftfahrt"!

Kreisler und Ossietzky als verantwortlicher Leiter wurde schließlich wegen Verrats militärischer Geheimnisse zu 18 Monaten Gefängnis verurteilt. Die militärischen Befehlshaber, die illegal aufrüsteten, wurden nicht einmal angeklagt. Solche und andere Urteile haben das Vertrauen in eine unabhängige Justiz erschüttert und der noch jungen Demokratie schwer geschadet. DA

Erste Seite des Beitrages, der über die Schwarze Reichswehr aufklärte.

Wilhelm II, ehem. dt. Kaiser

Folge 13 zeigt in einer Art Vision oder Tagtraum, wohin es mit dem Deutschen Reich gehe sollte, wenn die →Schwarze Reichswehr erst einmal an die Macht gelangt ist: Kaiser Wilhelm II. sollte gewaltsam wiedereingesetzt werden. Ob ihm aber, wie in der Szene gezeigt, tatsächlich die Massen im Lustgarten zugejubelt hätten, darf bezweifelt werden. Populär waren 1929 in Deutschland Politiker wie →Stresemann, Ebert, Hitler oder Rathenau, aber sicher nicht der Ex-Kaiser Wilhelm (geb. 1859). Er stand 1929 im 70. Lebensjahr und wäre vermutlich nur ein Übergangskaiser zu einem seiner Söhne gewesen, gelenkt von Ludendorff, der nach den Vorstellungen der Schwarzen Reichswehr der neue Reichskanzler sein sollte.

Diejenigen, die sich 1929 angeblich oder tatsächlich den Kaiser zurückwünschten, haben sich 1918 nicht zu Wort gemeldet, als es keine Demonstrationen und Petitionen für den Kaiser gab, sondern Presse, Volk und Parteien in einmütiger Seltenheit seinen Rücktritt forderten und begrüßten. 1929 lag die katastrophale Abdankung noch nicht allzu lange zurück, welche viele Nationalkonservative als feige Flucht vor der Verantwortung ansahen. Der Adel hatte 1918 in Deutschland abgewirtschaftet, zahlreiche Potentaten deutscher Herrscherhäuser traten im November zurück oder wurden abgesetzt. Als Kaiser Wilhelm am 28. November 1918 zurücktrat, hatte er bereits eine dreißigjährige Herrschaft hinter sich und diesen Jahren den Namen „wilhelminische Epoche" gegeben. Ohne den Krieg wäre er als erfolgreicher Herrscher in die Geschichte eingegangen, der das Deutsche Reich von einem Agrarstaat in eine moderne Industrienation umgewandelt hatte, Sozialleistungen einführte, die Kolonien zum Blühen brachte, die deutsche Wissenschaft zur Weltspitze führte. Wieweit er den Kriegsausbruch 1914 mit verursachte, ist umstritten – diejenigen, die ihm eine maßgebliche Rolle zuschreiben, sehen ihn als Kriegstreiber, diejenigen, die ihn als Marionette seines Kabinetts betrachten, sehen ihn als schwachen Kaiser.[117] War Wilhelm II. 1914 jedoch noch zweifelsohne beliebt und populär, so hatte sich nach vier Kriegsjahren das Blatt gewendet: der Kaiser hatte an Macht und Einfluss verloren, die Hoffnungen lagen nun bei →Hindenburg und Ludendorff von der Obersten Heeresleitung.[118] Ähnlich wie später Hitler am Ende des Zweiten Weltkriegs verlor sich Wilhelm II. in wirren Planspielen und realitätsfernen Zukunftshoffnungen. Er wurde regelrecht aus Deutschland abgeschoben und als politischer Flüchtling von den Niederladen aufgenommen.[119] Obwohl er in der Abdankungsurkunde ausdrücklich seine Rückkehr ausgeschlossen hatte, beschäftigte er sich in den folgenden Jahren kaum mit etwas anderem und versuchte, von seinem Exil aus die deutsche Demokratie zu sabotieren.[120] Letztlich kooperierte er sogar mit den Nationalsozialisten vornehmlich aus dem Grund, durch Hitler wieder auf den Kaiserthron zu gelangen.[121] Erst nachdem er feststellen musste, dass auch dies eine Illusion war, schlägt seine Verehrung der Nationalsozialisten nun in Verachtung um. Dann, nach den ersten Siegen Hitlers 1939/40, eine erneute Kehrtwende: Wilhelm II. gratuliert voller Begeisterung dem Führer.

Die Wiedereinsetzung des Kaisers bleibt auch in „Babylon Berlin" das, was es war: eine romantische Vision für die einen, ein Alptraum für die anderen. Ex-Kaiser Wilhelm II. verstarb am 4. Juni 1941 im Exil, das von denjenigen Deutschen besetzt wurde, die zum Teil noch in „seiner" Armee ausgebildet worden waren. AS

*V*erwahrlost und vertrottelt:
Ex-Kaiser Wilhelm II. 1929.

Zarengold

Das Zarengold ist keineswegs eine cineastische Fiktion, sondern es existierte tatsächlich. So hatten viele europäische Dynastien einen Goldschatz, auch könnte man von Habsburgergold, von Hohenzollerngold oder von Valoisgold sprechen.

Das Zarengold ist vor allem deshalb bekannter, weil es sich erstens um einen besonders großen Goldschatz gehandelten haben soll, und zweitens weil dieser Schatz auf ungeklärte Weise verschwunden ist und bis heute zu Recherchen, Spekulationen und sogar diplomatischen Verstimmungen führte.

Russland schürfte seit Jahrhunderten Gold und hatte, Dank Ausbeutung der eigenen Bevölkerung, zu Beginn des Ersten Weltkriegs einen Goldschatz von 1.337 Tonnen Gewicht – das war etwa ein Fünftel des damaligen weltweiten Goldvorkommens. Der Schatz wurde nicht, wie man vermuten könnte, in Moskau oder St. Petersburg gelagert, sondern war auf Warschau, Kiew und Riga verteilt, also Orte, die nicht zum russischen Kernreich gehörten.[122] Erst mit dem Vorrücken der Mittelmächte wurde das Gold mit der Bahn in das innerrussische Reich verlagert. Nach Ermordung der Zarenfamilie erbeutete im September 1919 die Weiße Armee einen Teil des Goldes und brachten es in das sibirische Omsk, um es vor dem Zugriff der Bolschewisten zu schützen. Kurz darauf wird es, auf 40 Eisenbahnwaggons verteilt, nach Irkutsk gebracht, wo ein Teil des Goldes bei Kämpfen mit der Roten Armee von den Bolschewiken erbeutet wird. Ein weiterer Teil wurde durch das Tschechoslowakische Korps der Roten Armee übergeben, das sich damit freies Geleit nach Westen erkaufte. Der Rest gelangte über die Transsibirische Eisenbahn nach Tschita in den Fernen Osten, wo nach erbitterten Kämpfen die sibirischen Kosaken-Armee 30 Goldkisten erobert. Der Rest, der sich immer noch auf 20 Tonnen belief, wurde von der Weißen Armee 1920 von General Petrov an Leutnant Rokuro Idzome von der japanischen Armee verkauft, die im Gegenzug Waffen und Munition liefern sollte. Hier aber verliert sich die Spur: die Truppen des japanischen Kaisers sollen das Gold an die Yokohama Special Bank übergeben haben, die es an die Nippon Ginkō, die Staatsbank Japans, weitergegeben haben will. Da nun der Verkauf durch die Weiße Armee als illegal angesehen wird, pochte erst die UdSSR, heute Russland, auf Rückgabe des Goldes bzw. Kompensationen. Möglicherweise hat Japan aber den Schatz nie erhalten, denn die Waffenlieferungen, die damals die Weiße Armee sensationell gestärkt hätte, ist nie erfolgt. Nach einer Legende soll der Schatz samt dem Eisenbahnzug bei einem militärischen Angriff im Baikalsee versunken sein, wo seitdem immer wieder nach dem Gold gesucht wird. Möglicherweise jedoch ohne jede Erfolgsaussicht, denn nach einer anderen Legende sollen die Tschechen der Roten Armee nur einen Teil des

Goldes für das freie Geleit gezahlt haben, den Rest aber heimlich in ihre Heimat gebracht haben, wo er für die wirtschaftliche Blüte des Landes in den 1920er Jahren sorgte, während es allen angrenzenden Ländern ökonomisch schlecht ging.

Wenngleich man die „Wahrheit" über das Zarengold wohl nie erfahren wird, so ist es gar nicht so unwahrscheinlich, dass der Goldschatz der Zaren mit einem Zug transportiert wurde: Ähnlich wie in „Babylon Berlin" brachten auch die Hohenzollern ihre Schätze nach der Abdankung von Kaiser Wilhelm II. nach Holland, und auch die Nationalsozialisten sollen einen Teil des deutschen Staatsschatzes in einem gepanzerten Zug transportiert haben. KP

Goldmünze mit dem Konterfei des letzten Zaren – solche Münzen sollen einen Großteil des zaristischen Goldschatzes ausgemacht haben.

Zörgiebel, Karl

In der ersten Staffel hat er in der dritten Folge seinen großen Auftritt: Polizeipräsident Zörgiebel heizt in einer kämpferischen Rede seinen Untergebenen ein, gewaltsam und brutal gegen Demonstranten vorzugehen. Zörgiebel, hier gespielt von Theaterschauspieler Thomas Thieme, hat es tatsächlich gegeben: 1878 wurde Karl Friedrich Zörgiebel in Mainz am Rhein geboren.[123] Als Gewerkschafter und SPD-Politiker war er hintereinander gleich in drei Metropolen als Polizeipräsident tätig: Köln, Berlin und Dortmund. Wie viele Sozialdemokraten hatte er einen unerbittlichen Feind: Kommunisten. Schon in Köln war er brutal gegen Hungerrevolten vorgegangen.[124] Als 1929 in

Berlin Kommunisten zum ersten Mai demonstrierten, schlug Zörgiebel erneut zu: über 30 Demonstranten wurden brutal von der Berliner Polizei ermordet – die Ereignisse gingen als →„Blutmai" in die Geschichte ein. In „Babylon Berlin" feiern die Polizisten Zörgiebel für sein eisernes Durchgreifen, sie feuern ihn an durch Fingerschnippen und rhythmische „HoHoHo"-Rufe (erneut in Folge 16) – diese Beifallsbekundung war in den 1920er Jahren üblich, allerdings bei Sportveranstaltungen. Geschadet hat Zörgiebel sein Verhalten keineswegs: nicht er musste nach dem ersten Mai zurücktreten, sondern der Rote Frontkämpferbund wurde verboten. In Berlin war Zörgiebel geschätzt, weil es ihm endlich gelang, den anwachsenden Verkehr in den Griff zu bekommen: er führte, erstmalig in Deutschland, Verkehrsampeln ein, die selbstverständlich auch in „Babylon Berlin" gezeigt werden.[125] Mit Zörgiebel nahm es Jahre später ein bitteres Ende: als SPD-Politiker wurde er 1933 von den Nationalsozialisten entlassen, kam in das Konzentrationslager Brauweiler und war monatelang inhaftiert, bis er, nach Folterungen, als gebrochener Mann entlassen wurde.[126] Heute erinnert in Berlin noch der Zörgiebelweg an sein ambivalentes Wirken in der einstigen Reichshauptstadt. AN

Links: Karl Zörgiebel auf dem Höhepunkt seiner Macht 1928.

Rechts: Der Zörgiebelweg in Berlin-Spandau.

Filmlexika haben eine lange Tradition, sie sind ein unerlässlicher Teil der Filmkritik und Filmgeschichte. Die Mitarbeiter und Mitarbeiterinnen haben sich bei der Abfassung und Gestaltung dieses Buches an folgende bewährte Vorgänger orientiert; sie dienen dem Leser und der Leserin auch als Anregung zu weiteren cineastischen Informationen, die aber bereits über „Babylon Berlin" hinausführen (in der Reihenfolge ihres Erscheinens):

-Caroline Harsch: Das serielle Format in „Breaking Bad", München 2018.

-Dietmar Böhmer: Theologie in Breaking Bad. Die Frage nach dem Bösen, München 2018.

-Manuel Freudenstein: Zur Fernsehserie „Babylon Berlin". Zwischen historischer Authentizität und Popkultur, München 2018.

-Timo Storck, Svenja Taubner (Hrsg.): Von Game of Thrones bis The Walking Dead: Interpretation von Kultur in Serie, Berlin 2017.

-Andrea Gentile: Breaking Bad: Kann mein Chemielehrer Crystal Meth herstellen? Wissenschaft in Kultserien, Berlin 2017.

-Bryan Cranston: Hauptsache, die Chemie stimmt – Mein Leben mit und ohne Breaking Bad, Frankfurt am Main 2017.

-Justus Barnes: Downton Abbey – Hausregeln für die Dienerschaft, Hamburg 2015.

-Katherine Byrne, Charles Doyle: Edwardians on screen: From Downton Abbey to Parade's End, London 2014.

-Gary Russell: Doctor Who. The Encyclopedia; The definitive guide to the hit BBC TV Series, London 2011.

-Brian Simmons, Tim Hildebrandt: Lexikon zu Herr der Ringe, München 2003.

-Stefan Servos: Herr der Ringe und andere Fantasy-Filme und -Bücher, Königswinter 2001.

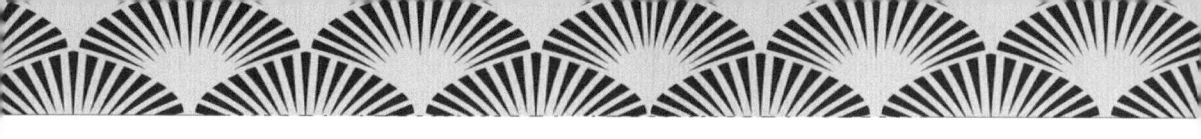

Auch in dem sorgfältigsten Filmlexikon können nicht alle Fragen zu Politik und Geschichte erschöpfend beantwortet werden. Folgende grundlegende Literatur zum Thema Wirtschaft, Politik und Kultur in der Weimarer Republik, die wir auch zu diesem Werk konsultierten, können wir mit gutem Gewissen empfehlen (in der Reihenfolge ihres Erscheinens):

-Peter Hoeres: Die Kultur von Weimar. Durchbruch der Moderne, Bonn 2014.

-Eberhard Kolb: Deutschland 1918-1933. Eine Geschichte der Weimarer Republik, München 2010.

-Hans Mommsen: Aufstieg und Untergang der Republik von Weimar 1918-1933, Berlin 2009 (3).

-Eric D. Weitz: Weimar Germany, Princeton 2007.

-Mel Gordon: Voluptuous panic the erotic world of Weimar Berlin, Los Angeles 2006.

-Ulrich Kluge: Die Weimarer Republik, Paderborn 2006.

-Michael Fröhlich (Hrsg.): Die Weimarer Republik, Darmstadt 2002.

-Jonathan Wright: Gustav Stresemann. Weimar's greatest statesman, Oxford 2002.

-Ruth Glatzer: Berlin zur Weimarer Zeit. Panorama einer Metropole 1919-1933, Berlin 2000.

-Wolfgang Michalka, Gottfried Niedhart (Hrsg.): Deutsche Geschichte 1918-1933, Frankfurt am Main 1992.

-Gerhard Schulz (Hrsg.): Ploetz: Weimarer Republik. Eine Nation im Umbruch, Freiburg 1987.

-Friedrich A. Krummacher, Albert Wucher (Hrsg.): Die Weimarer Republik. Ihre Geschichte in Texten, Bildern und Dokumenten 1918-1933, München 1965.

Wissenschaftlicher Anmerkungsapparat (Stand 1.8.2019)

Literaturverzeichnis

Adam, Birgit: Die Strafe der Venus. Eine Kulturgeschichte der Geschlechtskrankheiten, München 2001.

Adams, Jad: Hideous absinthe. A history of devil in a bottle, London 2004.

Allen, Keith R.: Hungrige Metropole. Essen, Wohlfahrt und Kommerz in Berlin, Hamburg 2002.

Alpi, Deborah L.: Robert Siodmak. A biograph, with critical analyses of his films noirs and a filmography of all his works, London 1998.

Antonello, Anna: Die Weltbühne als Bühne der Welt. Politik und Literatur im Spiegel einer deutschen Zeitschrift (1918-1933), Berlin 2017.

Arlt, Kurt u.a. (Hrsg.): Militärgeschichtliches Handbuch Brandenburg-Berlin, Potsdam 2010.

Arnold, Ingmar: Luft-Züge. Die Geschichte der Rohrpost in Berlin und anderswo, Berlin 2000.

Bahr, Christian: Alexanderplatz – der verhinderte Weltstadtplatz, in: Günter Lamprecht (Hrsg.): Alexanderplatz. Geschichten vom Nabel der Welt, Berlin 2012, S. 13-24.

Baumont, Maurice: Aristide Briand. Diplomat und Idealist, Göttingen 1966.

Bennigsen, Margarete von: Deutsches Kochbuch, Stuttgart (1897).

Benz, Wolfgang (Hrsg.): Handbuch des Antisemitismus, Bd. 4, Berlin 2011.

Benz, Wolfgang; Graml, Hermann (Hrsg.): Biographisches Lexikon zur Weimarer Republik, München 1988.

Berger, Michael: Eisernes Kreuz und Davidstern. Die Geschichte jüdischer Soldaten in

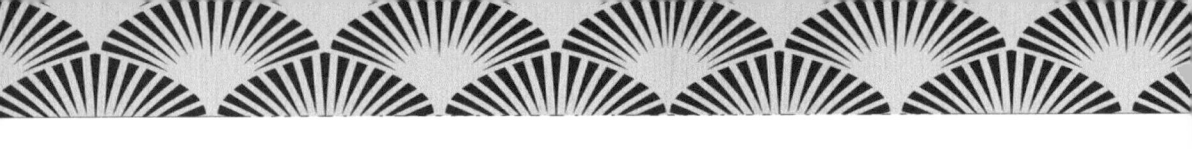

deutschen Armeen, Berlin 2006.

Berlin und seine Bauten, Band X, 2: Fernverkehr, Berlin 1984.

Bertolt Brechts Dreigroschenoper. Texte – Materialien – Dokumente, Frankfurt am Main 1960.

Bock, Helmut: Rebell im Preußenrock. Tauroggen 1812, Berlin 1964 (2).

Brakelmann, Günter: Zwischen Mitschuld und Widerstand. Fritz Thyssen und der Nationalsozialismus, Essen 2010.

Breitenbach, Jochen: Polizei-Sonderwagen. Geschichte und Einsatz, Groß-Umstadt 1990.

Cornelius, (Karl): Um- und Erweiterungsbau des Empfangsgebäudes auf dem Stettiner Bahnhof in Berlin, in: Zeitschrift für Bauwesen, 54, 1904, Sp. 213-224.

Degerloh, Hartmut; Scherf, Michael: Preußische Residenzen, Berlin 2012.

Dobberke, Jürgen: Wie man ein Wahrzeichen wird. Eine Chronik des Berliner Funkturms, Berlin 1976.

Dönecke, Klaus u.a.: Polizei-Fahrzeuge gestern und heute. Ein historischer Abriß mit Fotos, Hilden 1989.

Donath, Matthias: Architektur in Berlin 1933-1945, Berlin 2004.

During, Rainer W.: Flugplatz Staaken. Ein Stück Luftfahrt-Geschichte, Berlin 1985.

Eglau, Hans Otto: Fritz Thyssen. Hitlers Gönner und Geisel, Berlin 2003.

Elsaesser, Thomas (Hrsg.): The BFI companion to German cinema, London 1999.

Engeli, Christian: Gustav Böß. Oberbürgermeister von Berlin 1921 bis 1930, Stuttgart 1971.

Faulstich, Werner: Die Kultur der Pornographie. Kleine Einführung in Geschichte, Medien, Ästhetik, Markt und Bedeutung, Bardowick 1994.

Festschrift 100 Jahre katholische Herz-Jesu-Kirche, Berlin 1998.

Flohr, Carl: Personen- und Lastenaufzüge. Mit einem Vorwort über ihre Entwicklung, Berlin 1900.

Funke, Christoph; Jansen, Wolfgang: Theater am Schiffbauer Damm. Die Geschichte einer Berliner Bühne, Berlin 1992.

Gall, Lothar u.a.: Die Deutsche Bank 1970-1995, München 1995.

Geist, Johann Friedrich; Kürvers, Klaus: Das Berliner Miethaus, 2: 1862-1945, München 1984.

Georgi, Matthias u.a.: 100 Jahre für den Film – Geyer Werke, München 2011.

Glatzer, Ruth: Berlin zur Weimarer Zeit. Panorama einer Metropole, 1919-1933, Berlin 2000.

Golownin, Wasili: The Japanese and the Russian gold, Iswestija, 17.6.2004.

Graf, Klaus P.: Vom Meenzer Bub zum mächtigsten „Bullen". Eine Erinnerung an Karl Friedrich Zörgiebel, in: Mainz, 3, 15, 2013, S. 76-81.

Hecht, Werner (Hrsg.): Brechts „Dreigroschenoper", Frankfurt am Main 1985.

Hellmann, Manfred: Die preußische Herrschaft Tauroggen in Litauen, Berlin 1940.

Hirschlaff, Leo: Hypnotismus und Suggestivtherapie, Leipzig 1928 (4).

Hüge, Cornelia: Die Karl-Marx-Strasse. Facetten eines Lebens- und Arbeitsraums, Berlin 2010 (2).

Jochheim, Gernot: Der Berliner Alexanderplatz, Berlin 2006.

Justizvollzugsanstalt Berlin Moabit, Berlin 2003.

Klein, Michael: Aschinger – nicht nur ein Name, sondern ein Begriff! In: Berlin in Geschichte und Gegenwart, 2004, S. 117-134.

Köhne, Julia B.: Behandlung im Schatten des Krieges – Militärpsychiatrie und Kinematographie, in: Goldmann, Renate u.a. (Hrsg.): Moderne. Weltkrieg. Irrenhaus. 1900-1930, Essen (2014), S. 71-79.

König, Alexander: Wie mächtig war der Kaiser? Kaiser Wilhelm II. Zwischen Königsmechanismus und Polykratie von 1908-1914, Stuttgart 2009.

König, Malte: Syphilisangst in Frankreich und Deutschland. Hintergrund, Beschwörung und Nutzung einer Gefahr 1880-1940, in: Thießen, Malte (Hrsg.): Infiziertes Europa. Seuchen im langen 20. Jahrhundert, München 2014, S. 50-75.

Kohlstadt, Daniel: Die Berliner Mietskasernen. Ein Leben im Elend, München 2012.

Krauß, Martin: Schmeling. Die Karriere eines Jahrhundertdeutschen, Göttingen 2005.

Kurz, Thomas: „Blutmai". Sozialisten und Kommunisten im Brennpunkt der Berliner Ereignisse von 1929, Berlin 1988.

Macy, Laura (Hrsg.): The Grove book of opera singers, Oxford 2008.

Mäussnest, Peter: Zur Theorie der Leistungsfähigkeit und Wirtschaftlichkeit stochastischer Transportsysteme, Berlin 1971.

Meißner, Herbert: Trotzki und Trotzkismus, Berlin 2012.

Michl, Susanne: Erster Weltkrieg 1914-1918. Gefühlswelten: Konzepte von Angst in der Kriegspsychiatrie, in: Deutsches Ärzteblatt, 111, 33/34, 2014, S. 1414-1417.

Mommsen, Wolfgang J.: War der Kaiser an allem schuld? München 2002.

Nakata, Jan: Der Grenz- und Landesschutz in der Weimarer Republik 1918 bis 1933. Die geheime Aufrüstung und die deutsche Gesellschaft, Freiburg i. B. 2002.

Nitsch, Ute: Charlottenburg-Wilmersdorf von A bis Z, Berlin 2003.

(Oettinger, Renate): Max Schmeling. Mit Beiträgen von Henry Maske und Heino Ferch sowie Regisseur Uwe Boll, Feldafing 2001.

Picker, Henry: Hitlers Tischgespräche im Führerhauptquartier, Berlin 1989.

Pöppinghege, Rainer: Abgesattelt! Die publizistischen Rückzugsgefechte der deutschen Kavallerie seit 1918, in: Pöppinghege, Rainer (Hrsg.): Tiere im Krieg. Von der Antike bis zur Gegenwart, Paderborn 2009, S. 235-250.

Pohl, Karl Heinrich: Gustav Stresemann. Biografie eines Grenzgängers, Göttingen 2015.

Pyta, Wolfram: Hindenburg. Herrschaft zwischen Hohenzollern und Hitler, München 2007.

Rauscher, Walter: Hindenburg. Feldmarschall und Reichspräsident, Wien 1997.

Reichhardt, Hans J.: Berlin in der Weimarer Republik. Die Stadtverwaltung unter Oberbürgermeister Gustav Böß, Berlin 1979.

Ridder, Michael de: Heroin – die Geschichte einer pharmazeutischen Spe-zialität, Berlin 1990.

Röhl, John C. G.: Der Weg in den Abgrund 1900-1941 (Wilhelm II., Bd. 3), München 2008.

Rott, Joachim: „Ich gehe meinen Weg ungehindert geradaus". Dr. Bernhard Weiß (1880-1951), Polizeipräsident in Berlin, Berlin 2010.

Sauer, Bernhard: Schwarze Reichswehr und Fememorde, Berlin 2004.

Schirmann, Léon: Blutmai Berlin 1929, Dichtung und Wahrheit, Berlin 1991.

Schliephake, Hanfried: Die geheime Flugerprobung in Lipezk/Rußland, in: Heinrich Beauvais u.a. (Hrsg.): Flugerprobungsstellen bis 1945, Bonn 1998, S. 54-65.

Schöningh, Claudia: „Kontrolliert die Justiz". Die Vertrauenskrise der Weimarer Justiz im Spiegel der Gerichtsreportagen von Weltbühne, Tagebuch und Vossischer Zeitung, München 2000.

Skretny, Werner (Hrsg.): Das große Buch der deutschen Fußballstadien, Göttingen 2010.

Spiekermann, Uwe: Die Edeka. Entstehung und Wandel eines Handelsriesen, in: Lummel, Peter; Deak, Alexandra (Hrsg.): Einkaufen! Eine Geschichte des täglichen Bedarfs, Berlin 2005, S. 93-102.

Steiner, Rudolf: Das Suchen nach übersinnlicher Erfahrungen, Dornach 1972.

(Strube, Walter): Untersuchungsgefängnis Berlin-Moabit, Berlin 1931.

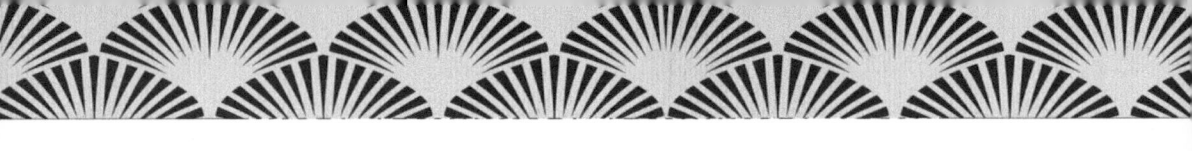

Toepfler, Karl: Perverse Erotik und die Vision der ekstatischen Stadt, in: Dietze, Gabriele; Dornhof, Dorothea (Hrsg.): Metropolenzauber. Sexuelle Moderne und urbaner Wahn, Wien 2014, S. 317-344.

Uebel, Lothar: Karstadt am Hermannplatz, Berlin 2000.

Volmer, Walter: Karl Zörgiebel – Polizeipräsident in schweren Zeiten, in: Die Polizei. Fachzeitschrift für die öffentliche Sicherheit, 10, 2006, S. 311-320.

Westberg, Lennart: Das Polizeipräsidium Berlin am Alexanderplatz 1890-1945, in: Archiv für Polizeigeschichte, 4, 1993, S. 82-85.

Wirth, Ingo: In memoriam Ernst Gennat. Das Lebenswerk eines äußerst be-fähigten, beispielhaften Kriminalisten, in: Der Kriminalist. Fachzeitschrift des BDK, 46/47, 12, 2014/ 1, 2015, S. 10-15.

Wölfer, Jürgen: Jazz in Deutschland. Das Lexikon. Alle Musiker und Plattenfirmen von 1920 bis heute, Höfen 2008.

Wolffram, Knud: Tanzdielen und Vergnügungspaläste, Berlin 1992.

Wright, Jonathan: Gustav Stresemann. Weimar's greatest statesman, Oxford 2002.

Wissenschaftlicher Anmerkungsapparat (Stand 1.8.2019)

1. Adams, Absinthe, 2004, S. 18.
2. Zu diesem Aspekt siehe: Dirk W. Lachenmeier: Absinth – Geschichte einer Thujon- oder Alkoholabhängigkeit? In: Fortschritte der Neurologie-Psychiatrie, 75, 5, 2007, S. 306-308.
3. Jochheim, Alexanderplatz, 2006, S. 101.
4. Jochheim, Alexanderplatz, 2006, S. 107.
5. Bahr, Alexanderplatz, 2012, S. 19.
6. Jochheim, Alexanderplatz, 2006, S. 142-143.
7. Die Prozesseröffnung spielt bei „Babylon Berlin" im Amtsgericht Charlottenburg, der eingeblendete Stempel trägt jedoch die Aufschrift „Amtsgericht Mitte".
8. Das Folgende nach: Nitsch, Charlottenburg-Wilmersdorf, 2003, S. 14.
9. Vgl. Lutz Röhrig: Der Zollpackhof des Anhalter Bahnhofs, in: Berliner Verkehrsblätter, 9, 2017, S. 167ff.
10. Berlin und seine Bauten, Band X, 2: Fernverkehr, Berlin 1984, S. 31 und S. 93.
11. Allen, Metropole, 2002, S. 98.
12. Klein, Aschinger, 2004, S. 122/123.
13. Klein, Aschinger, 2004, S. 117.
14. Bennigsen, Kochbuch, (1897), Nr. 1018.
15. Picker, Tischgespräche, 1989, S. 229, dort als „Pudding" bezeichnet. Es war eine große Ausnahme, dass Hitler, von der Lebensreform geprägt, Alkoholisches zu sich nahm.
16. Schirmann, Blutmai, 1991, S. 53.
17. Die Zahlen variieren, 33 Tote und 198 Verletzte nennt die bislang sorgfältigste Arbeit zum „Blutmai"; Kurz, 'Blutmai', 1988, S. 67.
18. In Folge 5 nennt Böß beiläufig die Zeitschrift „Vorwärts" als „unser" Parteiorgan. Das ist insofern nicht zutreffend, als Böß Mitglied der DDP war, nicht der SPD, die den „Vorwärts" herausgab.
19. Engeli, Gustav Böß, 1971, S. 98-100.
20. Engeli, Gustav Böß, 1971, S. 148ff.
21. Baumont, Aristide Briand, 1966, S. 60.
22. Baumont, Aristide Briand, 1966, S. 74-77.
23. Macy, Grove Book, 2008, S. 69.
24. Bertolt Brechts Dreigroschenoper, 1960, S. 183.
25. Hecht, Dreigroschenoper, 1985, S. 302.
26. Hecht, Dreigroschenoper, 1985, S. 114 (Ernst Josef Aufricht).
27. Köhne, Behandlung, (2014), S. 74/75.
28. Michl, Weltkrieg, 2014, S. 1415.
29. Dobberke, Wahrzeichen, 1976, S. 7.
30. Dobberke, Wahrzeichen, 1976, S. 26.
31. Wirth, memoriam, 2014/2015, S. 10ff.
32. Wirth, memoriam, 2014/2015, S. 12.
33. Georgi u.a., Jahre, 2011, S. 14.
34. Georgi u.a., Jahre, 2011, S. 39.
35. Degerloh/Scherf, Residenzen, 2012, S. 111.
36. Hüge, Karl-Marx-Strasse, 2010, S. 60-61.

37 Festschrift 100 Jahre Herz-Jesu-Kirche, 1998, S. 28ff.
38 Festschrift 100 Jahre Herz-Jesu-Kirche, 1998, S. 16.
39 Festschrift 100 Jahre Herz-Jesu-Kirche, 1998, S. 40ff.
40 Pyta, Herrschaft, 2007, S. 44-55.
41 Rauscher, Hindenburg, 1997, S. 283/284.
42 Pyta, Herrschaft, 2007, S. 291-305.
43 Hirschlaff, Hypnotismus, 1928 (4), S. 16; Steiner, Suchen, 1972, S. 103ff.
44 Köhne, Behandlung, (2014), S. 76.
45 Hirschlaff, Hypnotismus, 1928 (4), S. 204 und S. 113.
46 Uebel, Karstadt, 2000, S. 7.
47 Riesiger Brand im Warenhausneubau Karstadt, in: Der Tag, 13. April 1929, Nr. 89.
48 Rudolf Karstadt A.G., Berlin, Am Hermannplatz (Zur Eröffnung des Berliner Hauses), Berlin 1929.
49 Wolffram, Tanzdielen, 1992, S. 76.
50 Nina Kugler: Hermannplatz: Karstadt soll legendäre Fassade zurückbekommen, in: Berliner Morgenpost, 8. Januar 2019.
51 Spiekermann, Edka, 2005, S. 96.
52 Franziska Ernst: Hermann Leopoldi. Biographie eines jüdisch-österreichischen Unterhaltungskünstlers und Komponisten, Diplomarbeit an der Historisch-Kulturwissenschaftlichen Fakultät der Universität Wien, 2010.
53 Wölfer, Jazz, 2008, S. 120.
54 Schliephake, Flugerprobung, 1998, S. 56.
55 Deborah Lazaroff Alpi: Robert Siodmak. A biography, with critical analyses of his films noirs and a filmography of all his works. London 1998.xy
56 Alpi, Siodmak, 1998, S. 24-27.
57 Geist/Kürvers, Berliner Miethaus, 2, 1984, S. 506-529.
58 Ausführlich zu den Wohnverhältnissen: Geist/Kürvers, Berliner Miethaus, 2, 1984, S. 466ff. Gleichzeitig hatten aber auch die einfachsten Bauten hohe Decken, Schmuckelemente wie Stuckleisten oder tapezierte Wände; darauf verweist: Kohlstadt, Mietskasernen, 2012, S. 9.
59 Kohlstadt, Mietskasernen, 2012, S. 9.
60 Siehe dazu: Philip Oltermann: Sex, seafood and 25,000 coffees a day: the wild 1920s superclub that inspired Babylon Berlin, in: The Guardian, 19. Dezember 2017: https://www.theguardian.com, abgerufen am 30. Mai 2019 (englisch).
61 Dito.
62 Das Folgende nach: Elsaesser, Companion, 1999, S. 208.
63 Führend in Berlin war die Maschinenfabrik Carl Flohr; Carl Flohr: Personen- und Lastenaufzüge, Berlin 1900, S. 16ff. 1926 baute die Firma den Aufzug im Berliner Funkturm.
64 Pferdegasmasken hatten immer einen Augenschutz; in „Babylon Berlin" wurde er weggelassen.
65 Pöppinghege, Abgesattelt, 2009, S. 240.
66 Skretny, Buch, 2010, S. 55/56.
67 Breitenbach, Polizei-Sonderwagen, 1990, S. 6.

68 Dönecke, Polizei-Fahrzeuge, 1989, S. 22.
69 Dönecke, Polizei-Fahrzeuge, 1989, S. 23.
70 Jochheim, Alexanderplatz, 2006, S. 99.
71 Westberg, Polizeipräsidium, 1993, S. 82.
72 Faulstich, Kultur, 1994, S. 90.
73 Zur Bedeutung von Pornographie in den 1920er Jahren: Toepfler, Erotik, 2014, insb. S. 322-325.
74 Von mittelniederdeutsch prangen, zu prank „Prahlerei, Prunk", so Friedrich Kluge: Etymologisches Wörterbuch der deutschen Sprache, 23., erweiterte Auflage, Berlin 1999, S. 644.
75 Arnold, Luft-Züge, 2000, S. 58.
76 Arnold, Luft-Züge, 2000, S. 94.
77 Mäussnest, Theorie, 1971, S. 53ff.
78 Krauß, Max Schmeling, 2005, S. 29.
79 Krauß, Max Schmeling, 2005, S. 61.
80 (Oettinger), Max Schmeling, 2001, S. 215.
81 Eine Übersicht in: Nakata, Grenz- und Landesschutz, 2002, S. 258-276.
82 Sauer, Reichswehr, 2004, S. 294.
83 Glatzer, Berlin, 2000, S. 373.
84 Benz, Handbuch, 2011, S. 381-384.
85 1914 befand sich die Deutsche Bank auf dem Höhepunkt ihrer Macht; sie war die „größte Bank der Welt", hatte ausreichend Rücklagen und Eigenkapital; Gall u.a., Bank, 1995, S. 137ff. Was ist nach gut einhundert Jahren davon geblieben? Heute ist die Deutsche Bank ein potentieller Fusions- und Übernahmekandidat, verstrickt in zahlreiche Skandale und illegitime Handlungen, überschuldet und seit Jahren schlecht geführt.
86 Gall u.a., Bank, 1995, S. 134.
87 Arlt (Hrsg.), Militärgeschichtliches Handbuch, 2010, S. 619.
88 During, Flugplatz, 1985, S. 43.
89 Donath, Architektur, 2004, S. 240.
90 Cornelius, Um- und Erweiterungsbau, 1904, Sp. 215/216.
91 Siehe: Jens Rieser: Die Katholische Pfarrkirche St. Martin in Kaulsdorf, in: Die Denkmale in Berlin Bezirk Marzahn-Hellersdorf, Berlin 2002, S. 131-137.
92 Sauer, Reichswehr, 2004, S. 307.
93 Pohl, Gustav Stresemann, 2015, S. 99ff.
94 Wright, Gustav Stresemann, 2002, S. 330ff.
95 Pohl, Gustav Stresemann, 2015, S. 54ff.
96 Ridder, Heroin, 1990, S. 191/192.
97 König, Syphilisangst, 2014, S. 59-60.
98 Adam, Strafe, 2001, S. 110.
99 Hellmann, Herrschaft 1940, S. 62-63.
100 Bock, Rebell, 1964, S. 9-12.
101 Funke/Jansen, Theater, 1992, S. 54-60.
102 Funke/Jansen, Theater, 1992, S. 94.

103 Das Folgende nach „Kurzbiogramm über Fritz Thyssen", Brakelmann, Mitschuld, 2010, S. 9ff.
104 Eglau, Fritz Thyssen, 2003, S. 117ff.
105 Brakelmann, Mitschuld, 2010, S. 91; Benz/Graml, Lexikon Weimarer Republik, 1988, S. 339.
106 Trotzki will nach Berlin kommen, in: Neue Berliner Zeitung, Nr. 27, 11. Jg., 1. Februar 1929, S. 1.
107 Meißner, Trotzki, 2012, S. 69ff.
108 Diese kam erst nach dem Trotzkis zustande; siehe: David North: Das Erbe, das wir verteidigen. Ein Beitrag zur Geschichte der Vierten Internationale, Essen 1988.
109 (Strube), Untersuchungsgefängnis Berlin-Moabit, 1931, S. 17ff.
110 Ein prominenter Gefangener war, neben dem Arbeiterführer Ernst Thälmann und dem ehemaligen Reichskanzler Hermann Müller, auch → Gustav Böß; Justizvollzugsanstalt Berlin Moabit, 2003, S. 8.
111 Das Bad im Wedding hieß offiziell „Stadtbad Wedding", nicht „Volksbad Wedding", wie in „Babylon Berlin".
112 Berger, Kreuz, 2006, S. 204.
113 Rott, Weg, 2010, S. 41-44.
114 Berger, Kreuz, 2006, S. 205.
115 Antonello, Weltbühne, 2017, S. 22ff.
116 Schöningh, Justiz, 2000, S. 274.
117 König, Kaiser, 2009, S. 42-52.
118 Mommsen, Kaiser, 2002, S. 225.
119 Röhl, Weg, 2008, S. 1245 und S. 1256.
120 Noch 2019 (über hundert Jahre nach der Abdankung!) fordern die Hohenzollern weiterhin „ihr" Erbe zurück und schaden mit haarsträubenden Forderungen nicht nur dem demokratischen Staat, sondern auch ihrem eigenen Ansehen (dazu der Beitrag von Ijoma Mangold in der ZEIT, 18.7.2019, S. 42). Umgekehrt liest man selten, dass bis heute von den Hohenzollern keinerlei Schadensersatz geleistet wurde an den Millionen Deutschen, die für „Gott, Kaiser und Vaterland" leichtfertig in den Tod geschickt wurden.
121 Röhl, Weg, 2008, S. 1309ff.
122 Das Folgende nach: Golownin, gold, 2004, o.S.
123 Biografie nach: Ernst Kaeber: Böß, Gustav, in: NDB, 2, 1955, S. 408-409.
124 Volmer, Karl Zörgiebel, 2006, S. 313.
125 Graf, Bub, 2013, S. 79.
126 Volmer, Karl Zörgiebel, 2006, S. 319.

Bildnachweise

David Avramoff, www.bilderbuch-berlin.net, David Avramoff (2x), http://babylon-berlin-series.blogspot.com/search/label/Aschinger, David Avramoff (3x), Michael Bienert, Archiv für deutsche Wahlplakate der Zeit von 1919 bis 1933, https://pbs.twimg.com/media/DqjQgnSWkAY_CZ_.jpg:large, Verlag Herm. Leiser (Berlin), David Avramoff, Leonaris-Film-Archiv, David Avramoff, http://babylon-berlin-series.blogspot.com/2018/11/the-buddha-of-alexanderplatz.html#more, David Avramoff (2x), Axel Mauruszat, David Avramoff (2x), World History Archive, David Avramoff (6x), picture alliance/imageBROKER, Wikimedia, David Avramoff, Wikimedia, Nederlands Filmmuseum, David Avramoff, Graph. Kunstanstalt W. Meyerheim (Berlin), David Avramoff, Axel Gödel, Walther Ruttmann, David Avramoff (2x), httpswww.jerusalemhouseministries.netsearchpeople-from-world-war-gas-mask-for-horse, David Avramoff (2x), Wikimedia, David Avramoff, Bildagentur für Kunst, Kultur und Geschichte, David Avramoff (2x), Verlag Ullstein (Berlin), Heimatsammlung Essen, David Avramoff (5x), Wikimedia, David Avramoff (3x), Archiv für deutsche Wahlplakate der Zeit von 1919 bis 1933, Wikimedia, David Avramoff, Kenan2, David Avramoff, dpa+Archiv für Kunst und Geschichte, (Berlin), Wikimedia, Kennikat Press, David Avramoff, Wikimedia, Muska (Berlin), Wikimedia, Bundesarchiv, Wikimedia, Bundesarchiv, Aurum Edelmetalle und Recycling GmbH, Zft. Telegraf, David Avramoff.

Impressum

D. Avramoff: Historiker, Schwerpunkt Judentum und Antisemitismus: DA

Dr. Dr. C. Bernet, Historiker, Schwerpunkt Berlingeschichte: CB

M. Freudenstein: Schwerpunkt Film- und Mediengeschichte: MF

Dr. A. Nothnagle, Historiker, Schwerpunkt Politikgeschichte: AN

K. Presber, freischaffende Kulturwissenschaftlerin, Schwerpunkt Alltagskultur: KP

Prof. Dr. A. Schildt, Historiker, Schwerpunkt: Sozial- und Kulturgeschichte: AS

Hg.-Copyright © 2019 Gudrun-Verlag
Friedrichstraße 95, D-10117 Berlin
www.gudrun-verlag.de
Alle Rechte vorbehalten.

2. Auflage, ISBN: 9783732296736
Coverdesign und Layout: Jo Wittgenhausen

Manufactured and published by BoD - Books on Demand, Norderstedt, Ger-many.